Schlank mit Nordic Walking

ran an den Speck

Traumfigur

Sie wollen ein paar überflüssige Kilos abnehmen, haben aber keine Lust auf eine strenge Diät? Dann schnappen Sie sich doch einfach zwei Nordic-Walking-Stöcke und laufen Sie los!

Vor dem Start

Ran an die Stöcke

Essen Sie (sich) gesund

Vor dem Start

»Bewegung statt Hunger« – diese Formel gefällt Ihnen? Das soll sie auch. Walken Sie aber trotzdem nicht gleich los. Schließlich gibt es ein paar Dinge, die Sie kennen sollten und die Ihr Training effektiver machen. Wenn Sie wissen, was in Ihrem Körper abläuft und wie Sie ihn dazu bringen, möglichst viele Kalorien zu verbrennen, wird der Erfolg nicht ausbleiben.

DIE LAST MIT DEN PFUNDEN

Sind Sie auch schon einmal auf diese Super-Diäten reingefallen? Oder haben Sie zu einer der »Wunderpillen« gegriffen, mit denen Sie angeblich in ein paar Tagen alle störenden Pfunde verlieren? Willkommen im Club! Vielleicht haben Sie ja anfangs tatsächlich ein bisschen abgenommen. Aber sicher waren spätestens dann wieder alle Pfunde drauf, sobald Sie normal gegessen haben. Und zeigte Ihre Waage – wie bei vielen anderen Leidensgenossen auch – nach einer so genannten Crash-Diät sogar noch mehr an als zuvor?

Stellen Sie Ihre Ernährung um

Wer im Laufe seines Lebens immer wieder so ein Auf und Ab mitmacht, wird mit den Jahren immer dicker. Denn der Körper gewöhnt sich an die Hungerperioden und speichert in normalen Zeiten einfach noch ein paar Extraportionen als Notreserve. Außerdem wird während einer Diät reichlich körpereigenes Eiweiß abgebaut, das vor allem in unseren Muskeln steckt. Mit der Muskelmasse sinkt jedoch auch unser täglicher Grundumsatz. Bleibt der Kaloriengehalt jetzt so hoch wie zuvor, nehmen wir zwangsläufig zu.
So schön die Versprechungen auch manchmal klingen: Es gibt nun mal keine Wunder und keine Zauberkuren. Nur wenn Sie Ihr Essverhalten verändern und gleichzeitig körperlich aktiv werden, können Sie abnehmen und Ihr reduziertes Gewicht auch halten.

Schlank durch zwei Stöcke

Nordic Walking macht nicht nur einen Riesenspaß, Sie verbrauchen dabei auch deutlich mehr Energie als beim Spazierengehen oder beim klassischen Walking. Und genau darin liegt Ihre Abnehmchance.
Wenn Sie es richtig machen, setzen Sie rund 600 Muskeln ein – das sind etwa 90 Prozent der gesamten Muskulatur. Ihr Körper verbrennt dabei über 400 Kilokalorien in der Stunde. Der Kalorienverbrauch ist 20 bis 40 Prozent höher als beim normalen Walking. Dennoch steigt die subjektive Belastung nur gering an. Denn statt weniger Muskeln intensiver zu bewegen, belasten Sie mehr Muskeln in einem optimalen Bereich.

STIMMT IHR BMI?

Der Body-Mass-Index (BMI) hilft Ihnen, Ihr **Normalgewicht schnell und einfach** zu bestimmen. Sie errechnen ihn mit folgender Formel:
BMI = Körpergewicht in kg : (Körpergröße in m)^2

BMI

unter 19 = Untergewicht
19–25 = Normalgewicht
25–30 = leichtes Übergewicht
über 30 = starkes Übergewicht (Adipositas)

EIN GESUNDER VOLKSSPORT

Vor ein paar Jahren wurden sie noch milde belächelt, inzwischen sind sie aus dem (sportlichen) Alltagsleben kaum mehr wegzudenken: die Nordic Walker. Innerhalb weniger Jahre hat sich der Ausdauersport ein Millionenpublikum erobert und ist so zu einem regelrechten Volkssport geworden. Überall sind die dynamischen Läufer mit den zwei Stöcken zu sehen – im Münchner Englischen Garten ebenso wie an der Hamburger Außenalster, im Berliner Grunewald oder auf den ostfriesischen Deichen. Wer hätte das noch zu Anfang des Jahrtausends vorauszusagen gewagt?
Wenn also jetzt auch Sie zu den Stöcken greifen, befinden Sie sich in bester Gesellschaft. Und während sich in den Anfangsjahren noch so mancher komisch vorkam, ist Nordic Walking inzwischen längst salonfähig geworden. Sie haben also wirklich keine Ausrede mehr.

Langlauf ohne Ski

Ursprünglich stammt die nordische Art des Walkens aus Skandinavien – genauer gesagt aus Finnland. Dort wollten findige Trainer Skilangläufern auch in den schneelosen Monaten eine vergleichbare Sportart anbieten, damit sie nicht aus der Übung kämen.
Der Durchbruch des Nordic Walking setzte ein, als Ende der 90er-Jahre leichte Stöcke mit einer speziellen Schlaufe auf den Markt kamen. Sie waren die Voraussetzung für jene besondere Lauftechnik, bei der die Hände phasenweise geöffnet werden, ohne dabei die Stöcke zu verlieren. Dadurch ging es (und geht es) verspannten Nackenmuskeln an den Kragen. Doch dazu später mehr.

Jederzeit und für jeden

Rückblickend betrachtet lässt sich beinahe der Eindruck gewinnen, als hätten Millionen Menschen nur auf diesen Sport gewartet – und wahrscheinlich trifft das sogar zu. Denn Nordic Walking vereinigt einfach viele unschlagbare Vorteile:

- Es eignet sich für jeden und für jede Altersgruppe – Schwerkranke einmal ausgenommen.
- Das Walken mit Stöcken macht unabhängig von äußeren Bedingungen. Sie können (fast) überall und bei jedem Wetter loslegen.
- Nordic Walking ist leicht zu erlernen.
- Es bedarf keiner teuren Ausrüstung.
- Vor allem aber: Sie können richtig viele Kalorien verbrennen und haben dabei sogar Spaß.

Eine Wohltat für Ihren Körper

Sobald ein neuer Trend entsteht, suchen viele Kritiker gerne und ausdauernd nach dem viel zitierten Haar in der Suppe. Beim Nordic Walking sind sie jedoch nicht fündig geworden; an diesem Sport gibt es einfach nichts zu meckern. Unisono sind alle Fachleute – vom Trainer bis zum Facharzt – der Meinung, dass das Walken mit Stöcken medizinische Vorteile in seltener Fülle in sich vereint.

Schonung für die Gelenke

Wirbelsäule, Sprung-, Knie- und Hüftgelenke werden beim »Vierfüßlergang« deutlich entlastet. Damit ist Nordic Walking – wie auch das normale Walking – deutlich gelenkschonender als Jogging. Gerade Ältere und diejenigen unter Ihnen, die Probleme mit den Gelenken haben, gelangen mit dieser schonenden Sportart zu mehr Ausdauer, Beweglichkeit, Kraft und Koordination.

Reaktivierung vernachlässigter Muskeln

Es gibt wenige Sportarten, bei denen so viele Muskelpartien gleichzeitig zum Einsatz kommen wie beim Nordic Walking. Schließlich trainieren Sie nicht etwa nur die Beinmuskeln, sondern durch die Einbeziehung der Arme auch die Brust-, Arm- und Rückenmuskulatur. Vor allem der Rücken ist bei vielen Menschen verspannt, gerade dann, wenn sie beruflich viel sitzen oder stehen müssen. Mit Nordic Walking lösen Sie diese Verspannungen, was langfristig sogar Ihre Haltung verbessert. Worauf warten Sie also noch?

Der Belastungspuls beim Nordic Walking ist zwar um rund 15 Schläge höher als beim klassischen Walken, doch davon spüren Sie kaum etwas.

Gut für Herz und Kreislauf

Wenn Sie mit Stöcken laufen, ist der Energieumsatz höher als beim klassischen Walking. Diese erhöhte, aber nicht übermäßige Beanspruchung sorgt für ein gesundes Herz-Kreislauf-System. Die Sauerstoffversorgung des gesamten Organismus ist hervorragend.

Viele Kalorien verbrauchen

Dass Sie mit Nordic Walking den überflüssigen Pfunden gezielt an den Kragen gehen können, haben Sie ja bereits gelesen. Sie verbrauchen dabei beinahe so viel Energie wie beim Joggen – ohne sich dabei völlig auszupowern. Ganz im Gegenteil ist es sogar wichtig, eher in einem niedrigen Pulsbereich zu laufen (siehe auch Seite 12 f.), um die ungeliebten Fettdepots anzuzapfen.

Die Seele baumeln lassen

Nichts hilft bekanntlich besser gegen Stress, als sich an der frischen Luft zu bewegen. Auf Feld- und Waldwegen wird der Abstand zum Alltag groß genug, um allen Ballast hinter sich zu lassen und neue Kräfte für den nächsten Tag zu sammeln. Lassen Sie mit jedem Schritt Stress und Ärger hinter sich.

WIESO NEHME ICH ZU UND ANDERE NICHT?

Eins ist gewiss: Aussagen wie »Dicke essen einfach zu viel« greifen definitiv zu kurz. Neben der Veranlagung können auch Störungen im Hunger- und Sättigungszentrum des Gehirns sowie hormonelle Faktoren eine Rolle spielen (zum Beispiel eine Schilddrüsenunterfunktion, die Wechseljahre oder eine Insulinresistenz). Essen und Essverhalten werden zudem durch psychische und soziale Faktoren beeinflusst.

Energiebedarf und -bilanz

Jeder Mensch hat einen individuellen Grundverbrauch an Kalorien, und dieser Grundbedarf an Energie hängt von mehreren Faktoren ab: Alter, Geschlecht, Größe und Gewicht spielen dabei ebenso eine Rolle wie Muskelmasse und Stoffwechsel. Kleine Menschen verbrennen weniger als große, Männer mehr als Frauen, und im Alter verbrauchen Sie weniger als in jungen Jahren. Ein weiteres wichtiges Kriterium ist die körperliche Beanspruchung im Beruf und beim Sport. Je mehr Sie sich bewegen, umso mehr Kalorien verbrennen Sie. Essen wir genau so viel, wie unser Körper verbraucht, halten wir unser Gewicht. Essen wir mehr, speichert er die überschüssige Energie in Form von Fett in den Fettzellen – eine Fähigkeit übrigens, die für unsere Vorfahren einst überlebenswichtig war. Heute jedoch leben zumindest die Menschen in den westlichen Industrienationen wie im Schlaraffenland. Alle Nahrungsmittel stehen im Überfluss zur Verfügung. Die Folge: Wir essen zu viel, zu fett und zu zuckerreich. Dazu kommt noch, dass sich die meisten zu wenig bewegen.

Damit die Pfunde endlich schmelzen, muss der Energiehaushalt stimmen. Bewusste Ernährung ist dazu ebenso wichtig wie ausreichend Bewegung.

Auf die Summe kommt es an

Wenn Sie durch Nahrung und Getränke mehr Kalorien zu sich nehmen, als Sie verbrennen, nehmen Sie unweigerlich zu – egal, aus welchen Lebensmitteln dieses Zuviel stammt. Und eins ist klar: Nicht einzelne Lebensmittel machen dick, sondern wie oft und wie viel wir davon essen. Deshalb nehmen manche vom Biertrinken zu, andere von Süßem und wieder andere von fetten Speisen. Lassen Sie sich nicht irritieren: Die Energiebilanz muss stimmen – nicht mehr, doch auch nicht weniger.

Kein Gefühl für die Menge

Eine weitere »Nebenwirkung« der ständigen Nahrungsmittelverfügbarkeit: Bei vielen Menschen funktioniert das Sättigungsgefühl nicht mehr richtig. Lebensmittel und Getränke, die viel Zucker und »schnelle« Kohlenhydrate enthalten, lassen das körpereigene Hormon Insulin hochschnellen, um den angestiegenen Blutzuckerwert wieder zu stabilisieren. Dadurch wiederum sinkt der Wert unnatürlich schnell wieder ab, was eine neue Heißhungerattacke nach sich zieht. Gleichzeitig kann Ihr Körper das eingelagerte Fett nicht abbauen, wenn er ständig damit beschäftigt ist, Insulin zu produzieren (siehe dazu auch Seite 38 f.).
Enthält eine Speise daher neben Zucker auch noch Fett (etwa Nudeln mit Käse-Sahne-Sauce oder Weißbrot mit Kräuterbutter), werden diese Kalorien besonders schnell auf den Hüften gespeichert.

RISIKOFAKTOR ÜBERGEWICHT

Dr. med. Andreas Hölscher (Fulda), Internist und Kardiologe

Ist Übergewicht heute eine Volkskrankheit? Ja, Adipositas (krankhaftes Übergewicht) und ihre Folgen wird wohl zum wichtigsten Gesundheitsproblem des 21. Jahrhunderts. In Deutschland ist mittlerweile jeder zweite Erwachsene übergewichtig – mit steigender Tendenz.
Warum sind überflüssige Kilos so gefährlich? Übergewichtige haben ein erhöhtes Risiko für Erkrankungen wie Diabetes, Gallensteine, Atembeschwerden, nächtliche Atemaussetzer (Schlaf-Apnoe-Syndrom), Herzinfarkt, Schlaganfall, Bluthochdruck, Fettstoffwechselstörungen, Gicht, Arthrose, Rückenschmerzen und sogar Krebs. Deshalb leben dicke Menschen mit dem doppelt bis dreifach erhöhten Risiko eines vorzeitigen Todes. Außerdem gibt es im Falle eines Notfalleingriffs oder bei einer Operation häufiger Probleme mit der Narkose.
Ab wann bin ich zu dick? Ärzte sprechen dann von Übergewicht, wenn der BMI über 25 liegt. Bei einem BMI über 30 besteht eine Adipositas.
Gibt es noch andere Warnsignale? Genauso wichtig ist der Bauchumfang. Denn da die Bauchfettzellen stärker durchblutet sind als andere Fettzellen, kann das Fett schneller freigesetzt werden. Dabei werden Fettsäuren und andere Stoffe ausgeschüttet, die eine Insulinresistenz verstärken und die Blutgefäße schädigen können. Idealerweise sollte der Taillenumfang bei Frauen nicht über 88, bei Männern nicht über 102 Zentimeter liegen.
Wann sollte ich abnehmen? Trifft Folgendes auf Sie zu, sollten Sie etwas tun: Ihr BMI ist höher als 30. Oder Ihr BMI-Wert liegt über 25, bei einem Taillenumfang über 88 beziehungsweise über 102 Zentimetern. Oder Sie leiden bereits an einer Krankheit, die mit Übergewicht verbunden ist, wie etwa Bluthochdruck.

BEWEGUNG »KOSTET« KALORIEN

Der menschliche Körper kann nur dann arbeiten und Leistung erbringen, wenn ihm ausreichend Energie zur Verfügung steht. Erhält er diese nicht aus der Nahrung, muss er seine eigenen Energiespeicher anzapfen. Und genau darin liegt das Geheimnis, wenn Sie erfolgreich abnehmen wollen: Bringen Sie Ihren Körper auf Trab, aber sparen Sie an neuem Treibstoff, damit er an seine Reservetanks geht.

Kurzstrecke oder Langstrecke?

Ihr Körper verfügt über Speicher für Kohlenhydrate (Zucker) und Speicher für Fette. Wenn er kurzfristig viel Energie braucht, holt er sich diese aus den Kohlenhydrat-Depots. Dabei kann er in zweierlei Weise auf die Reserven zugreifen: mit Hilfe von Sauerstoff (aerob) oder ohne (anaerob). Ohne Sauerstoff zerlegt er den Zucker in Windeseile und ist so zu einer kurzen Höchstleistung fähig, etwa zu einem Sprint. Bei dieser anaeroben Glykolyse entsteht zwangsläufig Milchsäure (Laktat), die sich in den Muskelzellen anreichert. Sind die Zellen übersäuert, stellen sie ihre Tätigkeit ein. Sie sind erschöpft. Weit kommen Sie mit der Formel »Energie aus Zucker« also nicht – im Durchschnitt läuft Ihr Hochleistungsmotor damit ganze 90 Sekunden. Soll über längere Zeit Energie erzeugt werden, schaltet Ihr Betriebssystem daher auf die aerobe Energiegewinnung um. So bringt der Motor zwar weniger Leistung, kann dafür aber lange laufen.

Abnehmen mit Sauerstoff

Hat Ihr Körper genug Zeit, sich die benötigte Energie zu beschaffen, weil Sie ihn zu keinem Sprint zwingen, so kann er diese Energie in aller Ruhe erzeugen. Es gibt dabei zwei Möglichkeiten: Entweder er zapft die Kohlenhydrat-Speicher an oder die Fettspeicher. Welches der beiden Depots er nutzt, hängt entscheidend von der Intensität und der Dauer der jeweiligen Belastung ab. Wird ihm viel abverlangt, greift er primär auf die Kohlenhydrat-Speicher zurück (mit oder ohne Sauerstoff). Bei mäßiger Belastung dagegen hat Ihr Körper Zeit, seine Fettsäure-Depots anzuzapfen und mit Hilfe von Sauerstoff von der Kohlenhydratverbrennung auf die gewünschte Fettverbrennung umzuschalten.

KLEIN, ABER OHO

Wussten Sie, dass nur 100 zusätzliche Kalorien pro Tag sich übers Jahr gesehen zu einem **Gewichts-Plus von vier bis fünf Kilo** summieren? Diese 100 Kalorien können schon in einem einzigen Snack stecken, den Sie sich zwischen zwei Mahlzeiten schnell einverleiben. Überlegen Sie also immer erst, ob Sie **wirklich Hunger** haben oder sich zum Beispiel nur ablenken wollen.

Ran an die Fettreserven

Der ganze Trick beim Abnehmen besteht also darin, die Leistungsanforderung so zu steuern, dass das überflüssige Fett abgebaut wird, das sich beispielsweise an Bauch, Hüften oder Po angesetzt hat. Doch dazu müssen Sie wissen, wie stark Ihr Körper gerade beansprucht wird, um Ihr Trainingspensum ganz gezielt danach richten zu können. Wie das geht, erfahren Sie in diesem Buch.

Sie brauchen sich nicht auszupowern

Wenn Sie jetzt befürchten, das alles könne in übermäßige Arbeit ausarten, so täuschen Sie sich. Denn ans Fett geht es – wie bequem – eben nicht bei hoher, sondern bei mäßiger körperlicher Beanspruchung. Besser hätte die Natur es nicht einrichten können.

Das Tempo muss stimmen

Wenn Sie mit Nordic Walking (überschüssiges) Fett verbrennen möchten, brauchen Sie gar nicht intensiv (schnell) walken. Im Ausgleich jedoch muss Ihre Trainingseinheit eine gewisse Zeit andauern. 45 Minuten sollten es schon sein, noch besser ist eine Stunde. Aber weil Sie sich dabei Zeit lassen, strengt auch ein langer Marsch nicht sonderlich an. Und zur Belohnung purzelt ein Gramm nach dem anderen. Machen Sie sich auch nichts daraus, wenn Sie unterwegs vom dem einen oder anderen Jogger überholt werden. So sportlich er auch aussehen mag, durch das höhere Tempo baut er nicht mehr Fett ab als Sie – im Gegenteil. Nutzen Sie diese Chance.

Vergessen Sie auf längeren Strecken nicht, etwas zu trinken. Pro Stunde ein Liter in kleinen Schlucken – sonst kann der Kreislauf Probleme machen.

Regelmäßig trainieren

Leider bringt es gar nichts, wenn Sie nur hin und wieder zu den Stöcken greifen. Damit sich Ihr Stoffwechsel umstellt, sollten Sie mindestens zwei- bis dreimal pro Woche nach draußen gehen. Und machen Sie zwischen den Trainingstagen einen Tag Pause. In dieser so genannten aktiven Regenerationsphase kann sich Ihr Körper erholen und wieder neue Kraft schöpfen. Dadurch bleiben Sie auch langfristig am Ball, denn Schlappheit und Lauf-Unlust sind häufig nicht nur ein Zeichen eines zu intensiven und anstrengenden, sondern auch eines zu häufigen Trainings.

GANZ GEZIELT TRAINIEREN

Wenn Sie dieses Buch gekauft haben, wollen Sie Nordic Walking nicht allein deshalb betreiben, weil Sie wissen, dass es Ihnen an Bewegung mangelt. Sie haben ein klares Motiv: Sie möchten abnehmen. Damit Sie dieses Ziel so schnell wie möglich erreichen, sollten Sie beim Training nichts dem Zufall überlassen. Konkret bedeutet dies, dass Sie Ihr Training clever strukturieren und den Erfolg kontrollieren müssen. Und das ist viel einfacher, als es auf den ersten Blick erscheinen mag.

Auf den vorangegangenen Seiten haben Sie erfahren, inwieweit Leistung und Fettverbrennung zusammenhängen. Sie wissen auch, dass mäßige, aber regelmäßige Bewegung mehr bringt als kurze Höchstleistungen. Die Gretchenfrage allerdings bleibt: Was ist für Sie die angemessene Belastung?

Ein Blick genügt, und Sie wissen, ob Sie zu schnell oder zu langsam laufen. Mit einer Pulsuhr wird das zielgerichtete Training zum Kinderspiel.

Kontrollieren Sie Ihr Tempo

Prinzipiell lässt sich sagen: Solange Sie nur so schnell laufen, dass Sie sich noch mühelos unterhalten können, ist alles im grünen (also aeroben) Bereich. Sobald Sie bei Sauerstoffnot (anaerob) laufen, steigt Ihr Puls an, weil das Herz schneller pumpen muss, um die Muskeln mit Blut und Sauerstoff zu versorgen. Unter diesen verschärften Bedingungen ist ein Schwätzchen kaum noch drin.

Steuerung über die Herzfrequenz

Wenn Sie die Trainingsvorschläge in diesem Buch mit dem größtmöglichen Nutzen aufgreifen wollen, sollten Sie jedoch nicht allein auf den »Schwätzchen-Check« vertrauen. Besser ist es, sich ein Pulsmessgerät zuzulegen, das die Herzfrequenz während des gesamten Trainings registriert. So können Sie stets genau verfolgen, ob Sie in der empfohlenen Leistungszone laufen. Denn nur dann verbrennen Sie das lästige Fett.

Die Benutzung einer Pulsuhr ist die weitaus einfachste und genaueste Methode zur systematischen Kontrolle Ihrer Herzfrequenz. Für den Ausdauersport sind dazu am besten Systeme mit einem Brustgurt geeignet. Ein auf Herzhöhe fixierter Gurt mit Sender erfasst dabei aus nächster Nähe Ihre Herzfrequenz und gibt die Daten an den Empfänger in der Pulsuhr weiter. So können Sie die Informationen bequem am Handgelenk ablesen.

Weil dieses Doppel-System inzwischen so verbreitet ist, werden Herzfrequenzmessgeräte heute oft generell als »Pulsuhr« bezeichnet. Um sich im großen – auch preislich stark variierenden – Angebot zurechtzufinden, lassen Sie sich am besten in einem Sportfachgeschäft beraten. Dort kann man Ihnen helfen, das für Sie passende Fabrikat zu finden.

Die maximale Herzfrequenz

Wenn Sie sich die Trainingspläne ab Seite 30 ansehen, werden Sie schnell feststellen, dass Sie immer in einem ganz bestimmten Herzfrequenzbereich walken sollen. Dabei beziehen sich alle Trainingsvorgaben immer wieder auf die maximale Herzfrequenz (MHF).
Ein Beispiel: Liegt die angestrebte Leistung bei »65 % MHF«, sollte Ihre Herzfrequenz bei rund zwei Dritteln der maximalen Herzfrequenz liegen. Das setzt natürlich voraus, dass Sie Ihre maximale Herzfrequenz kennen. Anderenfalls können Sie schließlich nicht berechnen, mit welchem Puls Sie laufen sollen. Im Leistungssport gibt es differenzierte Verfahren zur Ermittlung der maximalen Herzfrequenz. Als Freizeitsportler benötigen Sie diese nicht. Für Sie ist es der einfachste Weg, Ihren Hausarzt oder einen Sportmediziner zu bitten, bei einem Sport-Check Ihren persönlichen Referenzwert zu ermitteln.
Wenn Sie dazu keine Möglichkeit haben, können Sie sich auch an die altbewährte Faustformel zur Errechnung der maximalen Herzfrequenz halten. Sie lautet:

- Männer: 220 minus Lebensalter,
- Frauen: 226 minus Lebensalter.

Der auf diese Weise erhaltene Wert ist jedoch im Vergleich zur medizinischen Ermittlung relativ ungenau. Wenn Sie gesundheitliche Probleme haben, übergewichtig sind oder lange keinen Sport mehr getrieben haben, sollten Sie daher immer einen Arzt konsultieren, um den für Sie günstigsten Wert festzulegen.

KURZE PULSUHR-KUNDE

1. Lesen Sie die Gebrauchsanweisung Ihrer Pulsuhr genau durch.
2. Geben Sie Ihre **persönlichen Daten** ein (das geht bei den meisten Modellen) – Alter, Geschlecht, Körpergröße und Gewicht.
3. Legen Sie Uhr und Brustgurt an und testen Sie das System. Der Sender im Brustgurt überträgt den Herzschlag auf die Uhr. So können Sie dem Herzen bei der Arbeit zuschauen. Sie werden schnell merken, wie sich der Herzschlag (er ist identisch mit dem Puls) je nach Beanspruchung ändert.
4. Legen Sie Ihre Trainingseckdaten fest. Berechnen Sie, was z. B: »70-80 % MHF« in Ihrem Fall bedeutet, und geben Sie das ein. **Die Uhr braucht Ihre individuellen Werte.**
5. Die Pulsuhr kennt jetzt Ihre Zielzone und wird Sie durch ein optisches oder akustisches Signal warnen, wenn Sie zu schnell oder zu langsam laufen. Entsprechend können Sie dann Ihr Tempo nach Bedarf sofort drosseln oder steigern.

Ran an die Stöcke

Wenn Sie regelmäßig ein paar Mal in der Woche zu den Stöcken greifen, nehmen Sie garantiert ab. Allerdings nur, wenn Sie mit der richtigen Technik walken. Mit der aber bringen Sie nicht nur die Pfunde zum Schmelzen, sondern tun auch eine Menge für Gesundheit, Fitness und Wohlbefinden.

POWER AUF DIE NORDISCHE ART

Viele Menschen glauben, wenn sie sich zwei Stöcke schnappen und einfach fröhlich drauflos marschieren, sei das schon Nordic Walking. Weit gefehlt! Nicht der Besitz der Stöcke macht den Nordic Walker aus, sondern deren effektiver Einsatz. Denn wenn Sie die Stöcke nur spazieren tragen, freuen sich zwar die Hersteller, es ist aber schade um Ihre Zeit.

Der Rhythmus macht's

Um sich an die Stöcke zu gewöhnen, lassen Sie sie zunächst einfach am Handgelenk baumeln. Achten Sie dabei darauf, dass es einen Stock für links, einen für rechts gibt (steht an der Schlaufe). Ziehen Sie die Schlaufe so fest, dass sie gut hält, aber nicht kneift.
Laufen Sie nun mit entschlossenen Schritten los und bewegen Sie die Arme im Takt dazu. Die meisten werden es ohnehin auf Anhieb richtig machen und Arme und Beine dabei entgegengesetzt bewegen: Mit dem rechten Arm geht das linke Bein nach vorn – und umgekehrt. Diese Gegenläufigkeit wird auch als Diagonalbewegung bezeichnet und ist das Geheimnis des Nordic Walking.

Langlauf im Grünen

Erst wenn Sie den Rhythmus gefunden haben, kommen die Stöcke ins Spiel. Wie ein Skilangläufer stoßen Sie sich dazu kräftig vom Untergrund ab, um voranzukommen – die Stöcke sind Ihr Antrieb, keine Stütze oder Balancierhilfe. Legen Sie also von Anfang an Power in die Armarbeit. Stoßen Sie sich richtig ab, denn nur das gibt Ihnen den nötigen Schwung. Sie werden es bald merken: Beim Nordic Walking kommt es ganz besonders auf die Arme an.

Mit Schwung voran

Gleichmäßig wie eine Lokomotive schieben Sie sich jetzt vorwärts. Geht der rechte Fuß nach vorn, stoßen Sie sich mit dem linken Stock ab, beim linken Bein hilft der rechte Stock. Der Oberkörper ist dabei leicht nach vorn gebeugt, das verleiht zusätzlich Dynamik. Im allzu aufrechten Gang kommen Sie nie in Fahrt. Ebenso wichtig: Halten Sie die Stöcke immer dicht am Körper und stochern Sie nicht links und rechts von sich damit herum.

KAMELGANG UND ANDERE FEHLER

Machen Sie sich nach und nach mit den einzelnen Bewegungen vertraut. Wenn Sie alles auf einmal beherrschen wollen, können sich schnell Fehler einschleichen. Die häufigsten sind:

- **Kamel- oder Passgang** (linkes Bein, linker Arm – rechtes Bein, rechter Arm)
- **Lascher Stockeinsatz**
- **Steife Körperhaltung**
- Stets **geschlossene Hände** (siehe Seite 16 f.).

AUF DIE TECHNIK KOMMT ES AN

Effektives Nordic Walking setzt nicht unbedingt ein hohes Tempo voraus, wohl aber ausholende Bewegungen. Allein entschlossenen Schrittes und mit aktivem Armeinsatz laufen Sie voller Dynamik – und nur die bringt's.

Der Armeinsatz

Mit angewinkelten Armen, wie Sie es unter Umständen schon vom klassischen Walking kennen, erreichen Sie bei der nordischen Variante gar nichts. Wenn Sie den vorderen Stock einstechen, ist der Arm zwar noch leicht gebeugt. Aber sobald er sich hinter der Hüfte befindet, muss er weitgehend gestreckt werden. Erst dann entfaltet Nordic Walking seine ganze Wirkung auf den Körper. Das erste »Mantra«, das Sie als Einsteiger innerlich vor sich hinmurmeln sollten, lautet daher auf jeden Fall: »Langer Arm.«

Der Grund: Nur wenn Sie den Arm nach hinten gut ausstrecken, kommt es zur gewünschten Oberkörperrotation, die wiederum eine Art muskuläre Kettenreaktion auslöst. Es werden zahlreiche Muskeln beansprucht – und dabei gelockert und trainiert. Diese positive Wirkung konnten Ärzte mit Hilfe einer Infrarotkamera sogar wissenschaftlich nachweisen. Wurde der Arm dagegen bei der Rückwärtsbewegung nicht richtig gestreckt und blieb er angewinkelt, kam dieser Prozess nicht in Gang. Das Wärmebild zeigte keinerlei Auswirkung auf die entsprechende Muskulatur.

Hände öffnen und schließen

Ebenso wichtig wie der Armeinsatz ist die Handarbeit. Sie dürfen nämlich die Stöcke nicht die ganze Zeit festhalten. Schließlich fallen sie dank der Schlaufe ja auch dann nicht herunter, wenn Sie den Griff lockern. Ihr zweites »Mantra« lautet also: »Hand öffnen« – und zwar immer dann, wenn der Arm nach hinten geht. Und so machen Sie es richtig:

1 Wenn Sie den Stock vor sich einstechen, ist die Hand locker um den Griff geschlossen.

2 Geht der Arm nach hinten, öffnen Sie die Hand. Nur so ist eine ordentliche Streckung möglich. Die Kraft überträgt sich über die Schlaufe. Das können Sie spüren.
Das gleichmäßige Öffnen und Schließen der Hände verhindert Verspannungen und löst einen regelrechten Muskelpumpeffekt aus. Die abwechselnde An- und Entspannung der Schulter- und Armmuskeln unterstützt dabei die Venen, die das Blut zum Herzen führen.

Die Beinarbeit

Jetzt war so viel von Arm- und Handarbeit die Rede, dass Sie glatt auf die Idee kommen könnten, die Beine spielten beim Nordic Walking überhaupt keine Rolle und liefen nur so mit. Das ist natürlich nicht richtig. Ein wichtiger Aspekt sind die bereits erwähnten langen Schritte. In jedem davon steckt richtig Kraft. Rollen Sie dabei die Füße bewusst ab:
3 Machen Sie einen energischen Schritt nach vorn und setzen Sie dabei den Fuß mit der Ferse auf. Dabei verlagern Sie Ihr Gewicht ebenfalls nach vorn und rollen den Fuß über die Sohle bis zu den Zehen ab.

4 Dann stoßen Sie sich mit den Zehen ab und setzen zum nächsten Schritt an.
Ganz wichtig: Beim Nordic Walking gibt es keine Flugphase. Da immer ein Bein Kontakt zum Boden hat, kommt es nicht zu einem harten Aufprall wie beim Jogging – und das ist gut für die Gelenke.

Übung macht den Meister

Inzwischen haben Sie es sicher gemerkt: Ganz so einfach, wie es aussieht, ist Nordic Walking doch nicht – zumindest wenn Sie als Einsteiger alles richtig machen wollen. Es empfiehlt sich daher auf jeden Fall, an einem Einführungskurs teilzunehmen. Die meisten Krankenkassen übernehmen dafür sogar einen Großteil der Kosten. Wenn Sie es selbst ausprobieren wollen, gehen Sie am besten schrittweise vor:

- Finden Sie den richtigen Rhythmus: linker Arm, rechtes Bein, rechter Arm, linkes Bein.
- Lassen Sie die Arme mitschwingen und rollen Sie die Füße ab.
- Nun erst setzen Sie die Stöcke ein. Achten Sie dabei auf den langen Arm.
- Am Schluss kommen die Hände dazu.

DIE RICHTIGE AUSRÜSTUNG

Es gibt Sportarten, da müssen Sie erst einmal richtig tief in die Tasche greifen, ehe Sie überhaupt zur Tat schreiten können. Beim Nordic Walking ist das anders, und auch das ist sicherlich ein Grund dafür, dass dieser Volkssport so großen Zuspruch findet. Im Grunde brauchen Sie nur die Stöcke und vernünftige Schuhe.

Leicht und stabil: die Stöcke

Es gibt auf dem Markt inzwischen eine riesige Auswahl an Stöcken. Sogar beim Discounter sind sie immer wieder einmal zu haben – oft zu einem verlockenden Preis. Aber Vorsicht: Ein paar Grundvoraussetzungen sollten Ihre verlängerten Arme schon erfüllen. Denn mit minderwertigen Stöcken tun Sie sich keinen Gefallen, und die scheinbare Ersparnis zahlt sich langfristig nicht aus. Kaufen Sie also lieber gleich im Fachhandel ein.

DIE INDIVIDUELLE STOCKLÄNGE

Die Länge des Stocks hängt von Ihrer Körpergröße ab. Dabei hat sich folgende Formel zur Längenberechnung bewährt:

Stocklänge = Körpergröße x 0,66/0,68.

Unter- und Oberarm sollten etwa einen rechten Winkel bilden, wenn Sie den Griff umschließen. Und der Stock darf nicht am Boden schleifen, wenn Sie den Arm mit geöffneter Hand nach hinten strecken.

Was bringen Teleskopstöcke?

Wenn Sie einen Nordic-Walking-Kurs belegen, laufen Sie dort wahrscheinlich mit so genannten Teleskopstöcken. Die ausziehbaren Modelle haben den großen Vorteil, dass sie sich auf die jeweils gewünschte Länge einstellen lassen und so für alle Teilnehmer passen. Das war's aber auch schon. Wenn Sie sich eigene Stöcke kaufen, sollten es möglichst keine ausziehbaren sein. Die nämlich sind in der Regel aus Aluminium und daher nicht gerade besonders stabil. Zudem hat ein Alustock den Nachteil, dass er belastende Schwingungen auf Hand-, Ellbogen- und Schultergelenke überträgt. Besser als Aluminium sind Stöcke aus einer Glasfaser-Carbon-Mischung. Sie sind stabil und schwingen weniger stark. Am allerbesten (leider aber auch am teuersten) sind reine Carbon-Stöcke. Sie sind besonders stabil und schwingen fast gar nicht nach.

Die Schlaufen

So unterschiedlich wie die verschiedenen Stockfabrikate sind auch deren Schlaufen – nicht zuletzt aus patentrechtlichen Gründen. Sie sollten daher unbedingt im Geschäft ausprobieren, welches Modell für Sie am komfortabelsten ist. Entscheiden Sie sich dann für das Paar, das Ihnen am besten in der Hand liegt.

Mehr braucht es nicht: bequeme Laufschuhe und Walking-Stöcke.

Bequem und flexibel: die Schuhe

Möglicherweise besitzen Sie bereits gute Lauf- oder Walkingschuhe. In diesem Fall können Sie sich den Weg ins Fachgeschäft sparen und mit Ihrem bisherigen Modell weiterlaufen. Sonst lassen Sie sich in einem gut sortierten Fachgeschäft beraten. Denn die Auswahl an Sport-, Trekking- und Nordic-Walking-Schuhen ist inzwischen groß. Aber mit fachmännischer Hilfe findet jeder Fußtyp den richtigen Schuh. Dieser muss gut sitzen und ausreichend gefedert sein. Eine große Rolle spielt übrigens auch der Untergrund, auf dem Sie am häufigsten walken: Je unebener das Gelände ist, desto griffiger muss die Sohle sein.

Leicht und variabel: die Oberbekleidung

Nordic Walking ist ein Ganzjahressport. Was Sie tragen, hängt also vor allem vom Wetter und von der Außentemperatur ab. Deshalb wurde ein ganzes Sortiment an passenden Kleidungsstücken entwickelt. Suchen Sie sich diejenigen aus, in denen Sie sich am wohlsten fühlen. Dabei ist es besser, mehrere atmungsaktive Lagen übereinander zu tragen, um bei Bedarf eine Schicht abzulegen oder überzuziehen (»Zwiebelprinzip«). Auch eine Gürteltasche mit integriertem Flaschenhalter ist bei langen Touren sehr praktisch.

WALKEN WIE EIN PROFI

- Strecken Sie, **wenn es bergab geht,** niemals die Knie ganz durch. Der Aufprall für Hüfte und Gelenke ist sonst zu hart. Stecken Sie die Stöcke schräg nach hinten ein und lassen Sie sich notfalls dazwischenplumpsen.
- **Bergauf** ist der Armeinsatz wichtig. Schwingen Sie die Arme weit nach vorn und drücken Sie sie ganz fest nach hinten durch. Beugen Sie Ihren Körper leicht nach vorn.
- Wenn Sie während des Walkens Seitenstechen bekommen, **atmen Sie zu heftig** und/oder zu unregelmäßig (zum Beispiel unter zu starker Belastung). Bleiben Sie stehen und heben Sie die Hände vor den Bauch (Handflächen nach oben, Fingerspitzen zueinander). Einatmen und dabei die Arme langsam nach oben ziehen. Beim Ausatmen drehen Sie die Handflächen nach unten und lassen die Arme sinken – ein paar Mal.

AUFWÄRMEN NICHT VERGESSEN

Der positive Effekt des Nordic Walking auf Ihren Körper – insbesondere die Muskulatur – lässt sich durch eingestreute Übungen noch steigern. So können Sie Ihr Ausdauertraining mit geringem zusätzlichem Zeitaufwand abrunden. Die Stöcke dienen dabei als Übungsgerät. Los geht es mit dem Warm-up, das die Muskeln auf das Walken einstimmt und so Verletzungen vorbeugt.

1 Wippende Füße

→ Sie stehen aufrecht und mit leicht geöffneten Beinen. Die Stöcke stechen Sie in Schulterbreite fest vor sich in den Boden ein.
→ Gehen Sie langsam mit den Fersen nach oben. Rollen Sie dabei über die ganze Sohle ab und verlagern Sie das Gewicht immer mehr auf die Zehen. Stützen Sie sich dabei auf den Stöcken ab.
→ Rollen Sie ebenso langsam von den Zehen wieder auf die Fersen zurück.

Das Ganze 30 bis 60 Sekunden im Wechsel.

EINFACH WARMLAUFEN

Wenn Sie einmal keine Zeit für oder Lust auf das Warm-up haben, können Sie sich auch fünf Minuten **langsam einlaufen,** ehe Sie das Tempo so erhöhen, dass Ihr Trainingspuls stimmt.

2 Hoch hinaus

→ Sie stehen wieder aufrecht. Die Beine sind nun geschlossen, die Knie leicht gebeugt. Die Stöcke sind seitlich vor dem Körper leicht ausgestellt.

➔ Springen Sie nun mit beiden Beinen gleichzeitig so hoch es geht in die Luft, ohne sich nach vorn zu bewegen. Dabei unterstützen die Stöcke Ihre Armkraft.

Ohne Pause 30 bis 60 Sekunden hüpfen.

❸ Voranpirschen

➔ Stechen Sie die Stöcke neben sich in den Boden.

➔ Strecken Sie das rechte Bein nach hinten und drücken Sie sich damit vom Boden ab.

➔ Gleichzeitig ziehen Sie das gebeugte linke Bein nach vorn.

Im Wechsel so voran – 30 bis 60 Sekunden.

NOCH MEHR MUSKELPOWER

Auch wenn Nordic Walking ohnehin schon fast alle Muskeln des Körpers trainiert: Mit Kräftigungsübungen während einer Laufpause können Sie besonders beanspruchte Muskelgruppen noch einmal extra stärken. Indirekt dient das auch dem Formen der Figur.

1

1 Power für den Po

Zunächst wird die seitliche und die hintere Pomuskulatur gestärkt.

→ Stehen Sie aufrecht und stechen Sie die Stöcke etwa schulterbreit voneinander entfernt vor sich in den Boden ein.

→ Beugen Sie sich leicht nach vorn, stützen Sie sich auf den Stöcken ab und strecken Sie das rechte Bein nach hinten.

→ Nach drei Sekunden heben Sie das Bein noch weiter nach hinten oben. Der Rücken bleibt dabei gerade, gehen Sie nicht in ein Hohlkreuz.

→ Gehen Sie wieder zurück in die Ausgangsstellung. Ziehen Sie anschließend das linke Bein nach hinten.

Pro Seite 30 bis 60 Sekunden.

2 Bizeps kräftigen

Dann sind die Armbeuger an der Reihe.

→ Stellen Sie sich gerade hin. Die Beine sind etwa schulterbreit geöffnet. Die Stöcke halten Sie quer hinter dem Rücken.

→ Senken Sie den Po, als würden Sie sich auf die Stöcke setzen. Der Rumpf bleibt dabei gerade.

→ Ziehen Sie die Stöcke so weit es geht nach oben. Vorsicht: Dabei nicht den Kopf senken, sondern immer geradeaus blicken.

→ Senken Sie die Stöcke wieder, machen Sie ein paar Sekunden Pause und nehmen Sie sie dann wieder nach oben.

Insgesamt 30 bis 60 Sekunden.

3 Ausfallschritt

Zum Schluss kräftigen Sie Ihre Kniestrecker.

→ Machen Sie mit dem rechten Bein einen Schritt nach vorn und strecken Sie das linke Bein nach hinten.

→ Gehen Sie dann mit dem Po nach unten: Rechts bilden Unter- und Oberschenkel einen 90-Grad-Winkel. Vorsicht: Das rechte Knie darf nicht über die Fußspitze hinausragen. Das linke Knie berührt fast den Boden.

→ Gehen Sie wieder nach oben, strecken Sie die Beine und wechseln Sie die Seite: linkes Bein nach vorn, rechtes nach hinten.

→ Stechen Sie die Stöcke dabei immer entgegengesetzt in den Boden.

Im Wechsel 30 bis 60 Sekunden.

ZUM SCHLUSS NOCH DEHNEN

Vorsichtige Dehnübungen nach dem Nordic Walking tragen dazu bei, Ihre Muskulatur zu entschlacken. Auch zwischen zwei Belastungsphasen ist dieses sanfte Stretching eine gute Überbrückung.

1 Waden-Stretch

→ Machen Sie mit dem linken Bein einen Schritt nach vorn und strecken Sie das rechte Bein nach hinten. Verlagern Sie Ihr Körpergewicht auf das rechte Bein.

→ Drücken Sie die Ferse nach unten, bis der ganze Fuß fest auf dem Boden steht. Sie spüren dabei ein leichtes Ziehen in der rechten Wade und in der Kniekehle.

→ Wechseln Sie die Seite: rechtes Bein nach vorn, linkes nach hinten.

Pro Seite 30 Sekunden.

❸ Trizeps-Dehnung

➔ Stellen Sie sich wieder aufrecht hin und öffnen Sie die Beine leicht. Halten Sie die Stöcke senkrecht hinter dem Rücken, indem Sie sie mit der linken Hand von oben, mit der rechten von unten greifen.

➔ Ziehen Sie nun die Stöcke mit der rechten Hand langsam so weit nach unten, bis Sie auf der Rückseite des linken Oberarms eine deutliche Dehnung verspüren.

➔ Gehen Sie ebenso langsam wieder zurück in die Ausgangsstellung und wechseln Sie die Hände. Die linke greift nun von unten, die rechte von oben. Dehnen Sie den rechten Arm, indem Sie die Stöcke mit der linken Hand nach unten ziehen.

Pro Seite 30 Sekunden.

❷ Dehnung der Oberschenkel-Vorderseite

➔ Stechen Sie beide Stöcke rechts vor dem Körper in den Boden ein und stützen Sie sich mit der rechten Hand daran ab.

➔ Verlagern Sie das Gewicht auf das rechte Bein. Ziehen Sie den linken Fuß mit der linken Hand zum Po. Schieben Sie das Knie dabei nicht nach vorn; es bleibt auf einer Linie mit dem rechten Knie.

➔ Ziehen Sie den Fuß so weit nach oben, bis Sie ein deutliches Ziehen an der Vorderseite des linken Oberschenkels spüren.

➔ Wechseln Sie dann aufs andere Bein.

Pro Seite 30 Sekunden.

!

EIN PAAR DEHNREGELN

› **Federn Sie beim Dehnen nicht nach,** sondern halten Sie die Position 30 Sekunden ruhig ein.

› Machen Sie keinen Buckel und gehen Sie **nicht ins Hohlkreuz.** Der Rücken bleibt die ganze Zeit über schön gerade.

› Ein leichtes **Ziehen darf sein, Schmerz nicht.** Wenn es weh tut, sollten Sie die Dehnung daher sofort lösen. Machen Sie mit einer anderen Übung weiter und versuchen Sie es das nächste Mal erneut.

› Halten Sie während der Dehnung nicht die Luft an, sondern **atmen Sie ruhig weiter.**

MIT PLAN ANS ZIEL

Auf den folgenden Seiten finden Sie die Anleitungen für ein systematisches Training. Sie können dabei aus neun Modulen wählen und so Ihr ganz individuelles Nordic-Walking-Programm zusammenstellen – je nachdem, wie viel Energie Sie dabei verbrauchen wollen. Generell gilt also: Je mehr Sie sich ins Zeug legen und je mehr Zeit Sie investieren, desto mehr Kalorien verbrennen Sie. Wenn Sie diese nach dem Training nicht gleich wieder auffüllen, vielleicht sogar etwas weniger (und ausgewogener) essen als zuvor, nehmen Sie ab. Wenn Sie unsicher sind, was Sie sich zumuten können, helfen Ihnen die Trainingspläne ab Seite 30. Je nachdem, wie fit Sie sind und wie viel Zeit Sie haben, sehen Sie dort auf einen Blick, mit welchem Programm Sie möglichst viel abnehmen können. Also, los geht's.

BALSAM FÜR DIE SEELE

Grit Moschke (Köln), Diplom-Sportwissenschaftlerin und Psychologin

Warum ist (Ausdauer-)Sport nicht nur gut für den Körper, sondern auch für die Seele? Bereits nach etwa 30 Minuten Bewegung im aeroben Bereich werden körpereigene Serotonine, Endorphine und verschiedene andere Hormone ausgeschüttet. Diese Stoffe wirken entspannend und regen die Phantasie und Kreativität an. Dieses Gefühl, das sich allerdings erst nach regelmäßigem Training einstellt, wird von der Fachwelt oft auch als »Runner's High« bezeichnet.

Macht Nordic Walking auch gute Laune? Ja, insbesondere die dabei freigesetzten kleinen Mengen Serotonin. Der Glücksbotenstoff verbessert unsere seelische Verfassung und kann dadurch sogar Depressionen entgegenwirken.

Wie lässt sich das erklären? Das körpereigene Hormon Serotonin wirkt antriebssteigernd. Es wird vermehrt bei Helligkeit, in den Sommermonaten und während körperlicher und mentaler Bewegung gebildet. Sie sollten Nordic Walking daher vor allem tagsüber an der frischen Luft durchführen. Dann ist jede Trainingseinheit ein kleines Doping für die Seele.

Wie wirkt Serotonin? Serotonin wirkt vor allem im Bereich des Limbischen Systems, der Gefühlszentrale im Gehirn. Untersuchungen ergaben, dass bei Menschen mit depressiver Stimmung der Serotoningehalt im Blutserum um etwa die Hälfte niedriger ist als bei Menschen mit »normal« guter Laune. Wenn bei Ihnen also öfter die Luft raus ist, sollten Sie es einfach einmal mit Nordic Walking versuchen. Das hilft in vielen Fällen schnell und wirkungsvoll.

Die neun Kalorien-Killer-Module

Jedes der folgenden neun Module ist in drei Abschnitte unterteilt: Warm-up, Kerntraining und Cool-down. Bevor Sie beginnen, ermitteln Sie den Wert Ihrer Trainingsherzfrequenz (siehe Seite 13). Für einige Module brauchen Sie sogar zwei Werte für die Belastungsspanne. Lautet die Trainingsvorgabe etwa 75–85 % MHF, rechnen Sie zunächst die beiden Werte aus. Geben Sie sie anschließend als oberen und unteren Wert in Ihre Pulsuhr ein, damit diese ein akustisches Signal sendet, wenn Sie zu intensiv oder zu lax trainieren.

1 Das 300-Kalorien-Modul

Trainingsdauer: 50 Minuten (10-30-10)

Warm-up:

→ 5 Minuten Gymnastik mit Stöcken

→ 5 Minuten lockeres Einlaufen

Kerntraining:

→ 30 Minuten Dauermethode

Intensität: 65 % MHF

Laufleistung: 2–2,5 km in ebenem Gelände

Cool-down:

→ 10 Minuten Dehnen der Arme und Beine

2 Das 350-Kalorien-Modul

Trainingsdauer: 45 Minuten (5-35-5)

Warm-up:

→ 5 Minuten zügiges Eingehen

Kerntraining:

→ 35 Minuten Dauermethode

Intensität: steigende Belastung, 70–85 % MHF

Variieren Sie Diagonaltechnik, Hopserlauf und Schrittsprünge (siehe Seite 28 f.)

Laufleistung: ca. 4 km im steigenden Gelände

Cool-down:

→ 5 Minuten Dehnen nicht vergessen.

3 Das 400-Kalorien-Modul

Trainingsdauer: 70 Minuten (10-50-10)

Warm-up:

→ 10 Minuten Gymnastik und Warmlaufen

Kerntraining:

→ 50 Minuten Dauermethode

Intensität: 70–75 % MHF

Laufleistung: ca. 4 km in ebenem bis leicht hügeligem Gelände

Cool-down:

→ 10 Minuten entspanntes Dehnen

4 Das 500-Kalorien-Modul

Trainingsdauer: 80 Minuten (10-60-10)

Warm-up:

→ 10 Minuten koordinative Übungen, zum Beispiel Einbeinstand mit Stockpendel (Stockpaar quer vor dem Körper schwingen, ein Bein dabei immer in die entgegengesetzte Richtung)

Kerntraining:

→ 60 Minuten Dauermethode mit Fahrtspiel (Wechsel von Geschwindigkeit und Intensität nach eigenem Gusto), 4–5 x 1 Minute; Belastungssteigerung durch die Erhöhung des Walking-Tempos

Intensität: 70–80 % MHF

Laufleistung: ca. 6 Kilometer in ebenem Gelände

Cool-down:

→ 5 Minuten Auslaufen

→ 5 Minuten Nachdehnen

❺ Das 600-Kalorien-Modul

Trainingsdauer: 80 Minuten (20-40-20)

Warm-up:

→ 10 Minuten aufwärmen und gymnastische Diagonalübungen (rechte Hand zum linken Knie und umgekehrt. Oder rechter Ellbogen zum linken Knie, linker Ellbogen zum rechten.)

→ 10 Minuten einlaufen mit gezieltem Öffnen und Schließen der Hände

Kerntraining:

→ 40 Minuten Intervalltraining

Phase I: 8 x 60 Sekunden zügig dynamische Diagonaltechnik bis 85 % MHF; während der Pause locker weiterlaufen bis unter 60 % MHF

Phase II: 8 x 30 Sekunden bergauf in Doppelstocktechnik (rechtes Bein und rechter Arm vor/linkes Bein und linker Arm vor) bis 85 % MHF; in der Pause zum Ausgangspunkt zurück. Nächstes Intervall startet bei 60 % MHF.

Cool-down:

→ 10 Minuten auslaufen

→ 10 Minuten nachdehnen

VARIATION HOPSERLAUF

- Stechen Sie den **rechten Stock fest vor sich** in den Boden.
- Drücken Sie sich nun mit dem gestreckten **rechten Bein fest vom Boden ab.** Indem Sie sich dabei auf dem Stock abstoßen, erhalten Sie noch mehr Schwung.
- Während der Aufwärtsbewegung ziehen Sie das linke Knie möglichst weit nach oben. Gleichzeitig strecken Sie den linken Arm mit geöffneter Hand nach hinten.
- Wenn Sie mit beiden Beinen wieder am Boden aufgekommen sind, stechen Sie den **linken Stock ein und stoßen sich mit links ab.** Das rechte Bein nach oben ziehen und den rechten Arm nach hinten nehmen.
- So geht es im Wechsel immer weiter.

❻ Das 700-Kalorien-Modul

Trainingsdauer: 70 Minuten (10-50-10)

Warm-up:

→ 10 Minuten gymnastisches Aufwärmen

Kerntraining:

→ 50 Minuten in zwei Abschnitten

Phase I: 25 Minuten Dauermethode

Intensität: 75–80 % MHF

Laufleistung: ca. 3 km in hügeligem Gelände

Phase II: 25 Minuten Intervalltraining

8 x 20 Sekunden Schrittsprünge bergauf

8 x 20 Sekunden Hopserlauf bergauf

Intensität: 95 % MHF; in den Pausen zum Ausgangspunkt zurückgehen, bis 60 % MHF.

Cool-down:

→ 10 Minuten lockern und dehnen

❼ Das 800-Kalorien-Modul

Trainingsdauer: 110 Minuten (10-90-10)

Warm-up:

→ 10 Minuten Warmlaufen

Kerntraining:

→ 90 Minuten Dauermethode
Intensität: 75–80 % MHF
Laufleistung: ca. 9 Kilometer in hügeligem Gelände

Cool-down:

→ 10 Minuten intensives Nachdehnen

8 Das 1000-Kalorien-Modul

Trainingsdauer: 140 Minuten (10-120-10)

Warm-up:

→ 10 Minuten lockeres Aufwärmen

Kerntraining:

→ 120 Minuten Dauermethode
Intensität: 70 % MHF
Laufleistung: 10–12 Kilometer in leicht hügeligem Gelände

Cool-down:

→ 10 Minuten intensives Nachdehnen

9 Das 1200-Kalorien-Modul

Trainingsdauer: 140 Minuten (10-120-10)

Warm-up:

→ 10 Minuten gymnastische Überkreuzübungen (linker Ellbogen an rechtes Knie – und umgekehrt)

Kerntraining:

→ 120 Minuten in drei Phasen

Phase I: 50 Minuten Dauermethode

Intensität: 70 % MHF
Laufleistung: ca. 4 km

Phase II: 30 Minuten Intervalltraining

12 x 40 Sekunden Belastung im Diagonalschritt
Intensität: 85 % MHF
Gelände leicht ansteigend
Pausengestaltung zwischen den Belastungen: Langsam mit lockerer Doppelstocktechnik (rechtes Bein und rechter Arm vor beziehungsweise linkes Bein und linker Arm vor) zum Ausgangspunkt zurückgehen. Der neue Reiz erfolgt bei 60 % MHF.

Phase III: 40 Minuten Dauermethode

Intensität: 75 % MHF
Laufleistung: ca. 3,5 km in ebenem Gelände

Cool-down:

→ 10 Minuten abwärmen durch Lockerungs- und Dehnübungen

VARIATION SCHRITTSPRUNG

- Stechen Sie den linken Stock fest vor sich in den Boden.
- Mit dem nach hinten gestreckten linken Bein **drücken Sie sich fest vom Boden ab.**
- Währenddessen kommt das rechte Bein nach vorn. Strecken Sie das Bein nicht ganz durch, sondern lassen Sie es leicht gebeugt. Im Gegenzug geht der rechte Arm gestreckt nach hinten.
- Anschließend kommt das linke Bein nach vorn, während Sie sich mit rechts wieder vom Untergrund abstoßen.
- **Im Wechsel immer weiter so.**

TRAININGSPLÄNE

Sind Sie Nordic-Walking-Einsteiger oder schon ein erfahrener Läufer? Haben Sie die Zeit, sich jede Woche ein paar Stunden etwas Gutes zu tun, oder sind Sie so eingespannt, dass Sie sich jedes Trainingsviertelstündchen mühsam abknapsen müssen? Die Muster-Trainingspläne auf den vier folgenden Seiten zeigen Ihnen, wie Sie – je nach Leistungslevel und Zeitbudget – am besten Kalorien verbrennen. Damit Sie nicht ständig hin und her blättern müssen, sind jeweils alle nötigen Angaben aufgeführt.

Trainingsplan für Einsteiger

Zwei bis drei Trainingseinheiten pro Woche schaffen auch Ungeübte. Wechseln Sie dabei zwischen den Modulen 1, 2 und 3.

300 Kalorien sollen runter

Trainingsdauer: 50 Minuten (10-30-10)
Warm-up:
➔ 5 Minuten Gymnastik mit Stöcken
➔ 5 Minuten lockeres Einlaufen
Kerntraining:
➔ 30 Minuten Dauermethode
Intensität: 65 % MHF
Laufleistung: 2–2,5 km in ebenem Gelände
Cool-down:
➔ 10 Minuten Dehnen der Arme und Beine

350 Kalorien sollen runter

Trainingsdauer: 45 Minuten (5-35-5)
Warm-up:
➔ 5 Minuten zügiges Eingehen
Kerntraining:
➔ 35 Minuten Dauermethode
Intensität: steigende Belastung von 70–85 % MHF. Variieren Sie Diagonaltechnik, Hopserlauf und Schrittsprünge (siehe Seite 28 f.).
Laufleistung: ca. 4 km im steigenden Gelände
Cool-down:
➔ 5 Minuten dehnen

400 Kalorien sollen runter

Trainingsdauer: 70 Minuten (10-50-10)
Warm-up:
➔ 10 Minuten Gymnastik und lockeres Warmlaufen
Kerntraining:
➔ 50 Minuten Dauermethode
Intensität: 70–75 % MHF
Laufleistung: ca. 4 km in ebenem bis leicht hügeligem Gelände
Cool-down:
➔ 10 Minuten entspanntes Dehnen

Planen Sie das Training fest in Ihren Terminkalender ein – als eine Verabredung mit und für sich selbst. Das hilft gerade am Anfang, am Ball zu bleiben.

Trainingsplan für Fortgeschrittene

Sind Sie körperlich fit und treiben regelmäßig Sport? Oder haben Sie bereits einige Wochen nach dem vorhergegangenen Plan trainiert? Dann sind drei bis fünf Trainingseinheiten pro Woche für Sie durchaus machbar. Ideal sind die Module 4, 7 und 9 (auch gut: 3, 5, und 6). Je nach Kondition kann dabei die Zahl der verbrannten Kalorien schwanken (plus/minus 50). Abnehmen werden Sie aber auf jeden Fall.

500 kcal sollen runter

Trainingsdauer: 80 Minuten (10-60-10)

Warm-up:

→ 10 Minuten koordinative Übungen, zum Beispiel Einbeinstand mit Stockpendel (Stockpaar quer vor dem Körper schwingen, ein Bein dabei immer in die entgegengesetzte Richtung)

Kerntraining:

→ 60 Minuten Dauermethode mit Fahrtspiel (Wechsel von Geschwindigkeit und Intensität nach eigenem Gusto), 4–5 x 1 Minute Belastungssteigerung durch Tempo-Erhöhung
Intensität: 70–80 % MHF
Laufleistung: ca. 6 Kilometer in der Ebene

Cool-down:

→ 5 Minuten Auslaufen
→ 5 Minuten Nachdehnen

800 kcal sollen runter

Trainingsdauer: 110 Minuten (10-90-10)

Warm-up:

→ 10 Minuten Warmlaufen und Hopserlauf (siehe Seite 28)

Kerntraining:

→ 90 Minuten Dauermethode
Intensität: 75–80 % MHF
Laufleistung: ca. 9 Kilometer in hügeligem Gelände

Cool-down:

10 Minuten intensives Nachdehnen

1200 kcal sollen runter

Trainingsdauer: 140 Minuten (10-120-10)

Warm-up:

→ 10 Minuten gymnastische Überkreuzübungen (linker Ellbogen an rechtes Knie – und umgekehrt)

Kerntraining:

→ 120 Minuten in drei Phasen

Phase I: 50 Minuten Dauermethode

Intensität: 70 % MHF
Laufleistung: ca. 4 km

Phase II: 30 Minuten Intervalltraining

12 x 40 Sekunden Belastung im Diagonalschritt
Intensität: 85 % MHF
Gelände leicht ansteigend
Pausengestaltung zwischen den Belastungen: Langsam mit lockerer Doppelstocktechnik (rechtes Bein und rechter Arm vor beziehungsweise linkes Bein und linker Arm vor) zum Ausgangspunkt zurückgehen. Der neue Reiz erfolgt bei 60 % MHF.

Phase III: 40 Minuten Dauermethode

Intensität: 75 % MHF
Laufleistung: ca. 3,5 km in ebenem Gelände

Cool-down:

→ 10 Minuten entspannende Lockerungs- und Dehnübungen

Trainingsplan für ein flexibles Zeitbudget

Wenn Sie Lust und genug Zeit haben, können Sie jeden Tag mit den Kalorien-Killer-Modulen von Seite 27 ff. trainieren. Um den Körper nicht zu überlasten, sollten Sie dabei zwischen langen und kurzen Einheiten wechseln (wie bei den Modulen 5, 7 und 8). Ebenso wichtig: Gestalten Sie das Training so abwechslungsreich wie möglich, immer wiederkehrende Reize bringen auf die Dauer nichts.

600 kcal sollen runter

Trainingsdauer: 80 Minuten (20-40-20)
Warm-up:
→ 10 Minuten aufwärmen und gymnastische Diagonalübungen (rechte Hand zum linken Knie – und umgekehrt)
→ 10 Minuten einlaufen mit gezieltem Öffnen und Schließen der Hände
Kerntraining:
→ 40 Minuten Intervalltraining
Phase I: 8 x 60 Sekunden zügig dynamische Diagonaltechnik bis 85 % MHF. In den Pausen locker weiterlaufen bis unter 60 % MHF
Phase II: 8 x 30 Sekunden bergauf in Doppelstocktechnik (rechtes Bein/rechter Arm vor, linkes Bein/linker Arm vor) bis 85 % MHF. In den Pausen zum Ausgangspunkt zurück. Das nächste Intervall startet bei 60 % MHF.
Cool-down:
→ 10 Minuten auslaufen
→ 10 Minuten nachdehnen

TRINKEN NICHT VERGESSEN

Nehmen Sie sich unbedingt etwas zu trinken mit. Damit sie beim Walken nicht stört und Ihre Technik nicht leidet, empfiehlt es sich, die **Trinkflasche am Bauch oder auf dem Rücken** zu tragen, nicht seitlich am Körper.

800 kcal sollen runter

Trainingsdauer: 110 Minuten (10-90-10)
Warm-up:
→ 10 Minuten Warmlaufen
Kerntraining:
→ 90 Minuten Dauermethode
Intensität: 75–80 % MHF
Laufleistung: ca. 9 Kilometer in hügeligem Gelände. Variieren Sie Doppelstock- oder Diagonaltechnik, Hopserlauf und Schrittspünge.
Cool-down:
→ 10 Minuten intensives Nachdehnen

1000 kcal sollen runter

Trainingsdauer: 140 Minuten (10-120-10)
Warm-up:
→ 10 Minuten lockeres Aufwärmen
Kerntraining:
→ 120 Minuten Dauermethode
Intensität: 70 % MHF
Laufleistung: 10–12 Kilometer in leicht hügeligem Gelände
Cool-down:
→ 10 Minuten intensives Nachdehnen

Trainingsplan für ein eingeschränktes Zeitbudget

Auch wenn Zeit für Sie noch so knapp und kostbar ist: Zwei Trainingseinheiten pro Woche sollten Sie unbedingt packen, damit sich auf der Waage etwas tut. Am besten nutzen Sie die Module 1, 2 und 6, weil sie extra auf kurze Trainingszeiten zugeschnitten sind.

300 kcal sollen runter

Trainingsdauer: 50 Minuten (10-30-10)

Warm-up:

➔ 5 Minuten Gymnastik mit Stöcken

➔ 5 Minuten lockeres Einlaufen

Kerntraining:

➔ 30 Minuten Dauermethode

Intensität: 65 % MHF

Laufleistung: 2–2,5 km in ebenem Gelände

Cool-down:

➔ 10 Minuten Cool-down durch Dehnen der Arme und Beine

350 kcal sollen runter

Trainingsdauer: 45 Minuten (5-35-5)

Warm-up:

➔ 5 Minuten zügiges Eingehen

Kerntraining:

➔ 35 Minuten Dauermethode

Intensität: steigende Belastung, 70–85 % MHF

Variieren Sie Diagonaltechnik, Hopserlauf und Schrittsprünge (siehe Seite 28 f.)

Laufleistung: ca. 4 km im steigenden Gelände

Cool-down:

➔ 5 Minuten Dehnen nicht vergessen – auch wenn Ihre Zeit begrenzt ist.

700 kcal sollen runter

Trainingsdauer: 70 Minuten (10-50-10)

Warm-up:

➔ 10 Minuten gymnastisches Aufwärmen

Kerntraining:

➔ 50 Minuten Hauptteil in zwei Abschnitten

Phase I: 25 Minuten Dauermethode

Intensität: 75–80 % MHF

Laufleistung: ca. 3 km in hügeligem Gelände

Phase II: 25 Minuten Intervalltraining

8 x 20 Sekunden Schrittsprünge bergauf

8 x 20 Sekunden Hopserlauf bergauf

Intensität: 95 % MHF. In den Pausen zum Ausgangspunkt zurückgehen, bis 60 % MHF.

Cool-down:

➔ 10 Minuten lockern und dehnen

Hügeliges Gelände bietet von sich aus viel Abwechslung: Bergauf steigt der Puls automatisch, bergab reguliert er sich wieder.

Essen Sie (sich) gesund

Keine Illusionen: Sport allein macht noch nicht schlank. Aber mit Bewegung können Sie Ihren Verbrennungsmotor ganz schön ankurbeln. Wenn Sie dann noch ein wenig darauf achten, was Sie essen, schmelzen die Pfunde garantiert. Machen Sie also Schluss mit strengen Diäten und genießen Sie lieber mit Köpfchen.

AUF DEN KRAFTSTOFF KOMMT ES AN

Wenn Sie abnehmen wollen, lautet Ihr oberstes Ziel: Mehr Kalorien verbrennen, als Sie zu sich nehmen. Wenn Sie nun mindestens zweimal wöchentlich eine Stunde nordisch walken, läuft Ihr körpereigener Motor ohnehin schon in einem höheren Drehzahlbereich, und Sie verbrennen täglich rund 100 bis 150 Kalorien zusätzlich – unabhängig von der Energie, die Sie während des Trainings verbrauchen. Jetzt kommt es nur noch darauf an, das Essverhalten zu ändern.

Weg mit dem Fett!

In einem Kilogramm Körperfett sind 7000 Kalorien Energie gespeichert. Um dieses eine Kilo abzuspecken, müssen Sie also 7000 Kalorien einsparen – indem Sie weniger essen und fleißig trainieren. Das verlangt Ihre volle Leistungsbereitschaft. Wenn Sie es schaffen, pro Monat zwei bis drei Kilo zu verlieren, ist das schon ein großartiger Erfolg. Und vergessen Sie nicht: Ein gewisser Grad an Körperfett muss sein, damit unser Körper für Notzeiten gewappnet ist. Dieser Fettanteil ist auch abhängig vom Geschlecht. Bei Frauen ist er von Natur aus etwa fünf bis zehn Prozent höher als bei Männern. Bei einer 30-Jährigen sollte der Fettanteil beispielsweise maximal 25 Prozent betragen, bei einem gleichaltrigen Mann höchstens 20 Prozent. Ob Sie selbst noch im grünen Bereich liegen, kontrollieren Sie am besten mit einer Körperfettwaage.

Lösen Sie sich von alten Gewohnheiten

Sich satt zu essen, wohl zu fühlen und dennoch Kalorien zu sparen ist keine Hexerei. Schon wenn Sie Ihr Essverhalten ein wenig umstellen, können Sie eine ganze Menge erreichen. Machen Sie es sich dabei nicht unnötig schwer: Kommen Sie Ihren Gewohnheiten ein Stück entgegen und stellen Sie sich langsam um. Schließlich können Sie nicht innerhalb eines Monats verändern, was über viele Jahre oder Jahrzehnte in Fleisch und Blut übergegangen ist. Sparen Sie also am Anfang einfach die Butter auf dem Brot ein oder essen Sie zu jeder Mahlzeit etwas Obst oder Gemüse.

DIE GRÖSSTEN DICKMACHER

- Fettreiche Fleisch- und Wurstsorten
- Frittiertes und Paniertes
- Kalorienreiche Fertiggerichte
- Lebensmittel oder Gerichte mit Sahne
- Fettreiches Gebäck (z.B. Croissants)
- Käse mit mehr als 45 % F. i. Tr. oder mehr als 20 % Fett absolut
- Gezuckerte Getränke (auch mit Fruchtzucker!)
- Weißmehlprodukte
- Mehr als ein Glas Alkohol am Tag
- Mehr als eine kleine Süßigkeit täglich
- Zu spätes Essen am Abend (nach 19.00 Uhr)

EIWEISS – DAS BAUGERÜST UNSERES KÖRPERS

Wussten Sie, dass Ihr Körper hauptsächlich aus Eiweiß aufgebaut ist? Insgesamt unterscheiden Wissenschaftler sogar 20 Aminosäuren (winzige Elemente des Eiweiß). Acht davon kann Ihr Körper nicht selbst herstellen. Sie müssen sie ihm also mit der Nahrung zuführen. Ganz besonders wichtig ist die Eiweißzufuhr, wenn Sie abnehmen wollen. Denn steht nicht genug Eiweiß zur Verfügung, zieht es der Körper einfach aus den Depots in den Muskeln. Folge: Sie bauen Muskelmasse ab, in der eigentlich Energie verbraucht werden soll. Ihr Grundumsatz sinkt, und Sie nehmen schneller wieder zu. Und das ist genau das Gegenteil von dem, was Sie erreichen wollen.

»Futter« für die Muskeln

Wenn Sie regelmäßig Nordic Walking betreiben, ist es wichtig, dass Ihren Muskeln genug Eiweiß für ihren Aufbau, ihre Arbeit und die Fettverbrennung zur Verfügung steht. Im Gegensatz zu einem Hochleistungssportler oder Bodybuilder brauchen Sie Ihren Körper aber nicht extra mit speziellen Eiweiß-Shakes aus der Apotheke oder dem Fitness-Studio versorgen. Der Eiweißgehalt einer ausgewogenen Ernährung ist völlig ausreichend. Helfen Sie Ihrem Körper lieber, dieses Eiweiß optimal aufzunehmen, indem Sie beispielsweise zu jedem Stück Fleisch oder Fisch etwas Salat oder Gemüse essen, zu jedem Joghurt, Quark oder Müsli ein Stück Obst und zu jeder Brotmahlzeit ein wenig Rohkost. Denn Vitamine erleichtern die Eiweißverwertung.

Woher stammt das Eiweiß?

Sie können Eiweiß aus verschiedenen Lebensmitteln beziehen. Dabei werden zwei Quellen unterschieden, die tierischen und pflanzlichen:

Löscht den Durst und macht schön satt: ein Drink aus Buttermilch, Sojamilch oder Kefir, der gleichzeitig eine Menge wertvolles Eiweiß liefert.

- Tierisches Eiweiß steckt in Fleisch, Fisch, Eiern, Milch und Milchprodukten.
- Pflanzliches Eiweiß ist zum Beispiel in Kartoffeln, Getreide und Getreideprodukten, Soja und Sojaprodukten sowie in Hülsenfrüchten enthalten.

Tierisches Eiweiß ähnelt in seinem Aminosäuremuster dem menschlichen sehr und ist daher besonders wertvoll. Leider sind eiweißhaltige Lebensmittel aber oft auch wahre Fettfallen. Fette Fleisch- und Wurstsorten, fettreicher Käse und Sahnesaucen enthalten zwar Eiweiß, aber eben auch jede Menge Fett. Sie machen daher nicht fit, sondern dick und schlapp. Bevorzugen Sie deshalb die »schlanken« Varianten wie Geflügel, Fisch, Eier, Milch mit 1,5 Prozent Fett und magere Käsesorten. Die pflanzlichen Eiweißquellen dagegen enthalten wenig Kalorien und liefern dem Körper gleichzeitig reichlich gesunde Kohlenhydrate und Ballaststoffe, die lange satt machen (siehe auch Seite 38 f.). Sie sind daher ideal, wenn Sie abnehmen wollen.

Geschickt kombiniert

Die Kombinationen von tierischen und pflanzlichen Eiweißträgern kann unser Körper besonders gut ausnutzen. Ideale Kombinationen sind zum Beispiel

- Pellkartoffeln mit Quark oder Rührei,
- Müsli mit Joghurt oder Milch,
- Vollkornbrot mit Käse,
- Magerquark mit Rohkost.

Wenn Sie die richtigen Nahrungsmittel geschickt miteinander kombinieren, ist Ihr Eiweißbedarf immer ausreichend gedeckt.

So viel Eiweiß muss sein

Um Ihren Bedarf zu decken, sollten Sie jeden Tag etwa 0,8 Gramm Eiweiß pro Kilo Körpergewicht essen. Ein Beispiel: Wiegen Sie 60 Kilo, benötigen Sie rund 50 Gramm Eiweiß am Tag. Bei 90 Kilo sind es bereits 72 Gramm. Diese könnten Sie beispielsweise so decken:

- 2 Scheiben Vollkornbrot (100 g): 7 g Eiweiß,
- 50 g Müsli: 5 g Eiweiß,
- 1 Scheibe Käse (30 g) oder 1 Ei: 7 g Eiweiß,
- 1 Scheibe Kochschinken (30 g): 6 g Eiweiß,
- 150 g mageres Fleisch oder Fisch oder 1 Teller Hülsenfrüchte: 30 g Eiweiß,
- 1 Becher Naturjoghurt (250 g): 8 g Eiweiß,
- 1 Tasse fettarme Milch oder Buttermilch (250 ml): 9 g Eiweiß.

EIN WAHRER POWERDRINK

Fitness-Shake mit Beeren (1 Portion)

50 g Beeren (frisch oder TK)
200 ml Kefir oder Sojamilch mit Kalzium
1 TL Ahornsirup oder Rohrzucker
1 EL blütenzarte Haferflocken oder Sojaflocken

Zutaten im Mixer pürieren und aufschäumen.

Variante: Wenn Sie es lieber pikant mögen, ersetzen Sie die Beeren durch ein großes Stück Salatgurke, verzichten auf den Ahornsirup und schmecken alles mit Salz, etwas Pfeffer oder Chili pikant ab.

KOHLENHYDRATE – DIE ENERGIEPUSHER

Kohlenhydrate liefern unserem Körper Energie. Ihre Bedeutung ist in der modernen Wissenschaft nicht ganz unumstritten. Zwar enthalten sie nur halb so viel Kalorien wie Fett (1 Gramm = 4 Kalorien), doch sollte man sie nicht ungezügelt verzehren. Wichtig ist es, zwischen »schnellen« und »langsamen« Kohlenhydraten zu unterscheiden. Denn reinen Zucker, wie er zum Beispiel in Süßigkeiten, aber auch Weißmehlprodukten steckt, kann unser Körper sehr schnell in Fettpölsterchen umwandeln – und die wollen Sie ja loswerden.

Hungerkreislauf und Insulinfalle

Ein weiteres Problem der »schnellen« Kohlenhydrate: Wenn Sie Zucker, Süßes, Gebäck und Weißmehlprodukte essen, wenn Sie süße Getränke oder Bier trinken, steigt der Blutzucker rapide an. Infolgedessen muss Ihr Körper vermehrt Insulin produzieren. Dieses körpereigene Hormon sorgt dafür, dass der Zucker schnell wieder abgebaut wird. Das geht in der Regel so rasch, dass der Körper auf einmal unterzuckert ist. Sie fallen in ein Hungerloch und werden von Heißhungerattacken gequält. Wer jetzt erneut zu Süßem greift, gerät in einen Teufelskreis: Die Insulinfalle schnappt zu, und alles beginnt von vorn.
Doch die ständige Insulinproduktion der Bauchspeicheldrüse bringt nicht nur den Hungerkreislauf ins Rollen. Sie wirkt auch wie eine Mastkur, da das in den Fettzellen eingelagerte Fett nicht abgebaut werden kann. Aus diesem Grund können die »schnellen« Kohlenhydrate wirklich als Dickmacher bezeichnet werden.

BALLASTSTOFFE MÜSSEN SEIN

Um schlank zu werden und zu bleiben, sollten Sie **täglich mindestens 30 Gramm Ballaststoffe** essen. Greifen Sie beispielsweise zu:
2 Scheiben Vollkornbrot: 9 g,
50 g Müsli: 4 g,
2 Stück Obst: 7 g,
1 Portion Blattsalat: 1 g,
1 Hand voll Rohkost (150 g): 5 g,
1 Portion Gemüse (200 g) 5 g.

Schlank mit dem GLYX

Um aus dem Hungerkreislauf auszubrechen, müssen Sie nur auf die so genannten langsamen Kohlenhydrate umsteigen. Der in ihnen enthaltene Zucker wird nach und nach ins Blut freigegeben, wodurch der Insulinspiegel gleichmäßig ansteigt und auch wieder sinkt. Zudem sind diese Kohlenhydrate reich an Ballaststoffen, die den Magen füllen und die Verdauung in Schwung bringen. Greifen Sie also zu Vollkornprodukten und Naturreis, zu Hülsenfrüchten, Gemüse, Salat und Obst.

Was bedeutet GLYX?

Der glykämische Index (kurz GLYX genannt) gibt an, wie ein bestimmtes Lebensmittel den Insulinspiegel beeinflusst. Steigt dieser nach dem Verzehr rasant nach oben, ist der GLYX hoch. Die betreffenden Lebensmittel fördern den Appetit, verhindern den Fettabbau und sorgen so dafür, dass wir zunehmen. Lebensmittel mit niedrigem GLYX dagegen lassen den Blutzucker schön gleichmäßig und langsam ansteigen, wodurch das Sättigungsgefühl länger anhält. Der Körper muss weniger Insulin produzieren und kann stattdessen überschüssiges Fett abbauen. Wenn Sie also Ihre Ernährung so umstellen, dass Sie Lebensmittel mit niedrigem GLYX bevorzugen, während Sie solche mit hohem GLYX meiden, nehmen Sie fast von allein ab.

Frisches Obst, Gemüse und Hülsenfrüchte haben von Natur aus einen niedrigen GLYX, ebenso wie magere Milchprodukte, mageres Fleisch, Geflügel und Fisch. Deshalb müssen Sie eigentlich nur bei Lebensmitteln mit einem hohen Zuckergehalt aufpassen, wie zum Beispiel Süßigkeiten, süße Getränke, Säfte, Gebäck und Weißmehlprodukte.

SCHLANKER START IN DEN TAG

Nordic-Fitness-Knusper-Müsli

(12 Portionen)

250 g kernige Hafer- oder Dinkelflocken
2 Messerspitzen Zimt
5 EL Honig (50 g)
50 g Sonnenblumenkerne
50 g gehackte Walnüsse oder Haselnüsse
50 g gehackte Mandeln
250 g zarte Vollkorn-Haferflocken

1. Die kernigen Hafer- oder Dinkelflocken in einer heißen, trockenen Pfanne erhitzen. Zimt darüber streuen, den Honig unterrühren, alles anrösten und danach erkalten lassen.
2. Sonnenblumenkerne, Nüsse und Mandeln vermischen, in der Pfanne kurz anrösten und ebenfalls abkühlen lassen.

3. Honig-Zimt-Flocken, Nussmischung und zarte Haferflocken mischen und in einen luftdicht verschließbaren Vorratsbehälter füllen.
4. Müsli portionsweise mit fettarmem Joghurt oder Milch (1,5 %) und frischem Obst anrichten.

FETT – EIN NÄHRSTOFF MIT GEHALT

Fett ist der Nährstoff mit dem höchsten Energiegehalt. Ein Gramm liefert satte neun Kalorien – doppelt so viel wie die gleiche Menge Kohlenhydrate. Um sein Gewicht zu halten, dürfte ein Erwachsener 60 bis 80 Gramm Fett am Tag essen. Wer abnehmen will, sollte sich sogar noch mehr einschränken. Doch wir essen in der Regel beinahe das Doppelte. So steckt beispielsweise allein in einer Bratwust mit Pommes rot-weiß die erlaubte Menge.

Auf die Auswahl kommt es an

»Fett macht fett« – ganz unrecht haben Sie mit dieser Aussage nicht. Gerade die versteckten Fette in Wurst, Käse, Gebäck und Fertiggerichten tragen zum Übergewicht bei. Dazu kommt, dass Fett zwar ein Geschmacksträger ist, selbst aber nicht satt macht. Trotzdem: Würden Sie überhaupt kein Fett mehr essen, wäre das für Ihren Körper gar nicht gesund. Er braucht die lebenswichtigen Fettsäuren, um fettlösliche Vitamine nutzen zu können. Wer fit, gesund und schlank sein will, muss sich daher für die richtigen Fette entscheiden. Aber selbst bei denen kommt es wie so oft auch auf die Menge an: Ein Esslöffel Fett hat rund 90 Kalorien.

Öle

Je ein Drittel des täglichen Fettbedarfs sollten aus einfach ungesättigten (in Raps-, Walnuss- oder Olivenöl) sowie aus mehrfach ungesättigten Fettsäuren (in Sonnenblumen- oder Keimölen) stammen. Diese Fettsäuren kann der Körper nicht selbst herstellen, obwohl sie für sein Funktionieren unentbehrlich sind. Die Öle können zum Braten von Fleisch ebenso verwendet werden wie zum Dünsten von Gemüse oder für ein Salatdressing (ein Teelöffel pro Person).

SCHLANKE SALATDRESSINGS

Klares Dressing (Pro Person)

1 TL Öl
1 TL Essig oder Zitronensaft
3 EL Wasser
Salz, Pfeffer
Senf, frische Kräuter

Öl, Essig und Wasser mit dem Schneebesen verquirlen und nach Geschmack würzen.

Weißes Dressing (Pro Person)

1/2 Becher Naturjoghurt
1/2 TL Raps- oder Olivenöl
1 TL Essig oder Zitrone
Salz, Pfeffer
frische Kräuter

Alle Zutaten vermengen. Zum Schluss die Kräuter fein hacken und unter das Dressing mischen.

Bei Ölen gilt die Regel: Kaltgepresste Öle für die kalte Küche (z.B. Salate), heißgepresste Öle zum Braten, da diese höher erhitzt werden können.

Fisch

Hering, Makrele, Lachs, Thunfisch und andere Seefische (egal ob frisch, geräuchert oder mariniert) enthalten ebenfalls mehrfach ungesättigte Fettsäuren: die Omega-3-Fettsäuren. Diesen kommen im Körper lebenswichtige Aufgaben zu – allen voran die Schutzfunktion für Herz und Gefäße. Geben Sie Ihrem Körper, was er braucht, und bringen Sie zweimal pro Woche eine Fischmahlzeit auf den Tisch. Ein Tipp für alle, die keinen Fisch mögen: Auch in Rapsöl stecken Omega-3-Fettsäuren.

Nüsse und Samen

Auch Nüsse, Mandeln, Kerne und Samen enthalten wertvolle Fettsäuren. Doch die kleinen Dinger haben es kalorienmäßig ganz schön in sich. Daher sollten Sie pro Tag insgesamt nicht mehr als einen Esslöffel davon naschen.

Margarine oder Butter

Butter oder Margarine – hier scheiden sich die (Geschmacks-)Geister. Fakt ist: Eine gute Margarine ist reich an ungesättigten Fettsäuren. Weniger Fett enthält sie aber nicht. Deshalb sollten Sie sie ebenso wie Butter immer nur ganz dünn aufs Brot geben. Schlanke Alternativen zum Streichfett sind Magerquark, Senf oder Tomatenmark.

Fleisch, Geflügel und Wurst

Bei Fleisch und Co. heißt es: Möglichst mager sollte es sein. Schneiden Sie daher Fettränder weg und verzichten Sie beim Geflügel auf die Haut, auch wenn sie noch so knusprig ist. Paniertes und Frittiertes sind tabu, denn hier summieren sich die Fettkalorien beinahe ins Unermessliche. Ziehen Sie beim Brotbelag die mageren Varianten vor, etwa reines Bratenfleisch, gekochten Schinken, Kasseler, Roastbeef, Cornedbeef, Lachs- und Nussschinken. Und es gibt noch einen Tipp, wie Sie Kalorien sparen können, ohne auf den Geschmack zu verzichten: Lassen Sie sich Wurst und Schinken immer ganz dünn aufschneiden und legen Sie sie nicht doppelt aufs Brot.

Milchprodukte

Milch und Milchprodukte sind gesund, liefern wertvolles Eiweiß und reichlich Kalzium. Aber es steckt auch eine Menge Fett drin, wenn Sie nicht zu mageren Produkten greifen. Gerade beim Käse sollten Sie wählen. Es gibt heute ein gutes Angebot an »leichten« Sorten. 40 Prozent Fett (Fett i. Tr.) oder 20 Prozent Fett absolut sollte die Obergrenze sein. Milch und Joghurt mit 1,5 Prozent Fett enthalten alle wertvollen Inhaltsstoffe. Aber Achtung: Fruchtjoghurts und Joghurtdrinks können eine große Menge versteckten Zucker enthalten, auch wenn sie aus Magermilch sind. Rühren Sie Ihren Joghurt lieber selbst mit frischem Obst an.

VITAMINE UND MINERALSTOFFE

Wenn Sie abwechslungsreich und ausgewogen essen, wird Ihr gesamter Bedarf an Vitalstoffen über die Nahrung gedeckt. Einseitige Diäten dagegen führen oft zu einem Mangel an Vitaminen und Mineralstoffen. Dabei sind viele davon unentbehrliche Helfer in der Fettverbrennung. Wenn Sie regelmäßig nordisch walken, schwitzen Sie außerdem viele Stoffe aus, die wieder ersetzt werden müssen.

Fünf am Tag

Ohne Obst und Gemüse läuft gar nichts, denn in ihnen stecken neben Vitaminen und Mineralien auch noch andere Stoffe, die uns vor Krankheiten schützen und das Immunsystem stärken: die so genannten sekundären Pflanzenstoffe (SPS). Sie sorgen für Duft, Aroma und Farbe der Pflanzen und schützen sie vor schädlichen Umwelteinflüssen.
Wenn Sie es schaffen, insgesamt fünf Portionen (fünf Hände voll) Gemüse, Salat und Obst am Tag zu essen, ist Ihre Vitaminversorgung zum größten Teil gedeckt. Auch die Mineralstoffe Kalium, Magnesium und Kalzium sind darin reichlich enthalten. Bringen Sie zudem Vollkornprodukte, mageren Joghurt und Käse sowie abwechselnd Fleisch, Fisch, Hülsenfrüchte und Eier auf den Tisch, sind Sie top versorgt. Und nur dann ist auch Ihr Körper zufrieden, und Heißhungerattacken werden immer seltener. Fehlt ihm dagegen etwas, meldet er sich mit Appetit, und das Abnehmen wird schwer.

Vitamin
A und ß-Carotin (Vorstufe von Vitamin A)
B-Vitamine
C
D
E
Folsäure
K
Mineralstoff
Kalium
Kalzium
Magnesium
Spurenelement
Chrom
Jod

VITALSTOFFE ZUM ABNEHMEN

Funktion	Gute Quellen
Schützen die Haut und die Augen; machen vital und widerstandsfähig	Leber, Eigelb, Milchprodukte, Fisch, rotes, gelbes und orangefarbenes Gemüse, Salate, Früchte
Zur Energieerzeugung in den Muskeln; wichtig für den Kohlenhydrat-, Fett- und Eiweißstoffwechsel; für Nervenstärke und das Blut	Vollkornprodukte, Müsli, Haferflocken, Hefe, mageres Fleisch, grünes Blattgemüse, Kartoffeln, Hülsenfrüchte, Milchprodukte, Nüsse, Fisch, Eier
Stärkt das Immunsystem; schützt die Zellen; kurbelt die Fettverbrennung an	Frischobst (v. a. schwarze Johannisbeeren, Zitrusfrüchte, Kiwi), Gemüse, Salat, Paprika, Kräuter, Kartoffeln
Macht unsere Knochen hart; hat hormonähnliche Eigenschaften	Fisch, Eigelb Bildung in der menschlichen Haut durch die Sonne!
Schützt die Zellen und das Herz; wichtig für den Muskelstoffwechsel	Hochwertige Öle, Margarine, Nüsse, Weizenkeime, Vollkornhaferflocken
Sorgt für frische Zellen; wichtig für die Nerven und den Eiweißstoffwechsel	Grünes Blatt- und Kohlgemüse, Lauch, Spargel, Salat, Nüsse, Vollkornprodukte, Bananen
Beteiligung an der Blutgerinnung	Grünes Gemüse, Sauerkraut, Tomaten, Milch, Getreide
Entwässert; ist wichtig für die Nerven; an der Muskelarbeit beteiligt	Gemüse, Salat, Nüsse, Obst (v. a. Bananen und Aprikosen), Kartoffeln, Hülsenfrüchte, Trockenfrüchte, Fleisch und Fisch, Vollkornprodukte
Aufbau von Knochen und Zähnen; wichtig für die Muskelkontraktionen und Nerven	Milch, Sauermilchprodukte, Joghurt, Käse, Kohl, Brokkoli, Spinat, Hülsenfrüchte, Mineralwasser mit mehr als 300 mg Ca/l
Sehr wichtig für die Muskeln, die Nerven und die Konzentration; hilft bei der Fettverbrennung	Vollkornprodukte, Reis, Nüsse, Obst (v. a. Bananen und Kiwi), Hülsenfrüchte, Spinat, Grünkohl, Fenchel, Kartoffeln, Kakao, Mineralwasser mit mehr als 50 mg Mg/l
Ist besonders wichtig für den Fett-, Eiweiß- und Zuckerstoffwechsel und die Insulinwirkung	Vollkornprodukte, Fleisch, Pilze, Hefeprodukte, Weizenkeime
Wichtig für den Stoffwechselmotor Schilddrüse, die ein Hormon produziert, das die Fettverbrennung in Gang setzt	Fisch, Meeresfrüchte, Jodsalz, Milch, Milchprodukte

TRINKEN MIT VERSTAND

Ohne Wasser geht in unserem Körper gar nichts, denn wir bestehen zu mehr als 60 Prozent aus dem wertvollen Nass. Schon ein Verlust von 1,5 Litern kann daher zu einem Leistungsabfall und zu Störungen verschiedenster Funktionen im Körper führen. Die Folgen sind Mundtrockenheit, Kopfschmerzen, Konzentrationsmangel, Übelkeit, Schwäche und Kreislaufprobleme. Um dies zu vermeiden, sollten Sie regelmäßig über den Tag verteilt etwas trinken, nicht erst dann, wenn Sie Durst haben. Denn wenn Ihr Körper dieses Signal sendet, ist es eigentlich schon zu spät, und der Wasserhaushalt ist bereits im Minus.

Schluck für Schluck eine heiße Brühe trinken, das macht satt und versorgt gleich noch mit Flüssigkeit.

Beim Abnehmen ist Trinken besonders wichtig. Schließlich wirkt Wasser als so genannter Fatburner: Es steigert den Stoffwechsel, entschlackt und stillt gleichzeitig den Hunger. Ideal für den kleinen Appetit zwischendurch sind auch klare Gemüsebrühen, die gleichzeitig einen Teil des Flüssigkeitsbedarfs decken. Wie wäre es, wenn Sie sich ab und zu eine Thermoskanne davon ins Büro mitnähmen?

Gemüsebrühe

(4 Portionen à 250 ml)
2 Kartoffeln (150 g), gewürfelt
2 Karotten (100 g), in Streifen
1 kleine Stange Lauch, in Ringe geschnitten (50 g)
1 Stück Sellerieknolle (50 g), gewürfelt
1 Tomate (50 g), gewürfelt
1/2 Bund Petersilie
Muskat, Majoran, Kümmel, Instant-Gemüsebrühe

1. Das geputzte und gewaschene Gemüse mit 500 Milliliter Wasser in einem Topf geben und alles zum Kochen bringen. Auf kleiner Flamme 20 Minuten leise kochen lassen.
2. Petersilie abbrausen. Die Blättchen abzupfen und fein hacken. Zum Gemüse geben.
3. Die Brühe mit Muskat, Majoran, Kümmel und Instant-Gemüsebrühe würzen.
4. Die Suppe durch ein Sieb in einen neuen Topf gießen und abkühlen lassen. Im Kühlschrank bleibt die klare Brühe zwei bis drei Tage haltbar. Bei Bedarf die entsprechende Menge entnehmen und aufwärmen.

Alkoholische Getränke

Alkoholische Getränke blockieren die Fettverbrennung und sind deshalb zum Abnehmen nicht geeignet. Denn der Körper ist erst einmal völlig damit beschäftigt, den Alkohol abzubauen. Darüber hinaus hat ein Gramm Alkohol fast so viele Kalorien wie Fett (rund sieben). Ein weiterer Nachteil: Wenn sie etwas getrunken haben, neigen viele zu unkontrolliertem Essen – und gerade das sollten Sie vermeiden, wenn Sie abnehmen wollen. Trotzdem: Hin und wieder ein Gläschen trockenen Wein oder Sekt (noch besser Weinschorle) dürfen Sie sich schon erlauben – solange Sie dazu keine Erdnüsse oder Chips knabbern.

Kaffee und Tee

In Ruhe eine Tasse Kaffee oder Tee zu genießen ist für viele ein kleines Ritual, das sie sich jeden Tag (mehrmals) gönnen. Wenn Sie es nicht übertreiben, ist dagegen auch nichts einzuwenden. Insgesamt bis zu vier Tassen am Tag sind völlig in Ordnung. Damit das Kalorienkonto nicht überlastet wird, heißt es aber auf Kaffeesahne und Vollmilch zu verzichten. Wenn Ihnen »Schwarz« nicht schmeckt, verwenden Sie fettarme Milch oder vierprozentige Kondensmilch. Auch Zucker und Honig liefern unnötige Kalorien. Ist es Ihnen pur zu bitter, süßen Sie von Woche zu Woche immer weniger, bis Sie ganz darauf verzichten können.

SO TRINKEN SIE RICHTIG

- Trinken Sie möglichst kalorienarme Getränke: **pro Tag mindestens 2 bis 2 1/2 Liter.**
- Stellen Sie sich schon morgens die Getränke bereit, die Sie tagsüber trinken wollen, z. B. eine Kanne Tee oder zwei Flaschen Wasser.
- Trinken Sie keine zu kalten Getränke und bevorzugen Sie solche mit **wenig Kohlensäure.**
- Bringen Sie Abwechslung in die Getränkeauswahl: Greifen Sie zu Mineralwasser mit einem hohen Kalzium- und Magnesiumgehalt, reichern Sie es eventuell mit einem Spritzer Zitronensaft an. Sie können aber auch gutes Leitungswasser trinken oder zum Verdünnen verwenden. Ungezuckerte Kräuter- oder Früchtetees sind ebenfalls erlaubt.
- Mischen Sie Saftschorlen ohne Zuckerzusatz aus **1 Teil Saft und 3 Teilen Wasser**. Fertige Schorlen sollten Sie noch einmal verdünnen.
- Trinken Sie vor dem Essen oder zum Essen ein großes Glas Wasser.
- Füllen Sie Ihr leer getrunkenes Glas immer wieder auf. Auch das müssen Sie trainieren.
- Trinken Sie eine halbe Stunde vor dem Nordic Walking einen halben Liter, während des Laufens schluckweise und danach so viel, dass Ihr Ausgangsgewicht wieder erreicht ist (0,5 bis 1 Liter).

GESUCHT – GEFUNDEN

Buchtipps

Prof. Dr. Bös, Klaus: *Walking und sanftes Lauftraining;* GRÄFE UND UNZER VERLAG, München
Grillparzer, Marion: *Glücklich abnehmen mit der GLYXBOX. Das 4-Wochen-Erfolgsprogramm;* GRÄFE UND UNZER VERLAG, München
Grillparzer, Marion: *GLYX-Diät. Abnehmen mit Glücksgefühl;* GRÄFE UND UNZER VERLAG, München
Grillparzer, Marion: *GLYX-DIÄT – Das Kochbuch;* GRÄFE UND UNZER VERLAG, München
Prof. Dr. Hamm, Michael/Bohlmann, Friedrich: *Die Ideal-Diät;* GRÄFE UND UNZER VERLAG, München
Kreuzriegler, Friedrich/Gollner, Erwin/Fichtner, Harald: *Das ist Nordic Walking. Ausrüstung. Technik. Training;* Urban & Fischer, München
Dr. Schmidt, Mathias R./Helmkamp, Andreas/ Mack, Norbert/ Winski, Norbert: *Nordic Walking. Das ideale Training für den ganzen Körper;* GRÄFE UND UNZER VERLAG, München
Dr. Schmidt, Mathias R./Helmkamp, Andreas/ Winski, Norbert: *Nordic Fitness. Alle Varianten für Sommer und Winter;* GRÄFE UND UNZER VERLAG, München

Hilfreiche Adressen

Rund ums Nordic Walking

DNV
Deutscher Nordic Walking und Blading Verband e. V.
Deutsche Abspaltung der INWA (International Nordic Walking Association)
Postfach 100 409
83004 Rosenheim
www.nordicportal.net

DWI Deutsches Walking Institut
Ableger des Sportinstituts der Uni Karlsruhe
Im Haus des Gastes
Luisenstr. 7
78073 Bad Dürkheim
www.walking.de

ANWA Austrian Nordic Walking Association e. V.
Österreichischer Nordic Walking Verband
Maximilianstraße 2
A-6020 Innsbruck
www.anwa.at

Nordic Fitness Point
Gemeinschaftsinitiative verschiedener Schweizer Institutionen zur Förderung des Nordic Walking
Infos über:
CHoncept GmbH
Baumgartenrain 4b
CH-3600 Thun
www.nordicfitnesspoint.ch

Rund um gesunde Ernährung

Deutsche Gesellschaft für Ernährung (DGE)
Godesberger Allee 18
53175 Bonn
www.dge.de

Österreichische Gesellschaft für Ernährung (ÖGE)
Zaunergasse 1-3
A-1030 Wien
www.oege.at

Schweizerische Gesellschaft für Ernährung
Effingerstr. 2
CH-3001 Bern
www.sge-ssn.ch

Sachregister

Über die Autoren

Dr. Mathias R. Schmidt ist freier Autor und PR-Berater. Nach längerer Tätigkeit für die Sender der ARD betreibt er heute in Fulda die Agentur Text-Atelier. Sie entwickelt verbale Botschaften für kreative Öffentlichkeitsarbeit sowie die Strukturen und Inhalte für Publikationen unterschiedlichster Art. Schmidts Spezialität ist es, komplexe Inhalte übersichtlich zu gliedern und in klare Worte zu fassen.
Andreas Helmkamp ist selbstständiger Physiotherapeut. Als Sportphysiotherapeut des Deutschen Sportbundes betreut er im Hochleistungsbereich Einzelathleten und Mannschaften. Er praktiziert mehrere Ausdauersportarten und arbeitet regelmäßig als Fachreferent für die Arbeitsgemeinschaft Sportphysiotherapie des Zentralverbands der Krankengymnasten.
Norbert Winski, staatlich geprüfter Physiotherapeut/Sportphysiotherapeut, arbeitet als Leitender Physiotherapeut in einer Reha-Klinik bei Fulda. Winski ist ein erfahrener Instructor und hält viele Nordic-Walking-Kurse ab.
Birgit Weber ist staatlich geprüfte Diätassistentin und arbeitet freiberuflich mit Arztpraxen, Krankenhäusern und Krankenkassen zusammen. Neben der Patientenberatung bietet sie Gewichtsreduktionskurse an und leitet die Ernährungsschulungen in der Nordic Walking Schule Rhön.

Wichtiger Hinweis

Die Vorschläge des vorliegenden Buches wurden sorgfältig recherchiert und haben sich in der Praxis bewährt. Alle Leserinnen und Leser sind jedoch aufgefordert, selbst zu entscheiden, ob und inwieweit sie die Anregungen aus diesem Buch umsetzen wollen. Autoren und Verlag übernehmen keine Haftung für die Resultate.

Bildnachweis

Fotoproduktion und Cover:
Leonhard Lenz, München
Weitere Fotos:
GU: S. 30 (M. Weber);
Jalag: S. 3 u., 34;
Mauritius: S. 8, 12;
PicturePress: S. 41;
StockFood: S. 36 (H. Bischof), 39 (M. Paul), 44 (A. Plewinski).

Impressum

Programmleitung:
Ulrich Ehrlenspiel
Redaktion: Barbara Fellenberg
Lektorat: Sylvie Hinderberger
Satz: Christopher Hammond
Layout- und Umschlaggestaltung: independent Medien-Design, Claudia Hautkappe
Herstellung: Gloria Pall
Lithos: Fotolito Longo, Bozen
Druck/Bindung: Druckhaus Kaufmann, Lahr

ISBN (10) 3-8338-0033-X
ISBN (13) 978-3-8338-0033-7

2. Auflage 2006

100 JAHRE GANSKE VERLAGSGRUPPE

GRÄFE UND UNZER
Ein Unternehmen der
GANSKE VERLAGSGRUPPE